小学生心理自助工具箱

社会情商

〔日〕渡边弥生 监修
〔日〕木村爱子 编著
郭菲 陈瑶 译

中国妇女出版社

著作权合同登记号　图字：01-2022-5621

图书在版编目（CIP）数据

小学生心理自助工具箱．社会情商 /（日）渡边弥生监修 ；（日）木村爱子编著 ；郭菲，陈瑶译．-- 北京 ：中国妇女出版社，2023.1(2023.6重印)
ISBN 978-7-5127-2178-4

Ⅰ．①小… Ⅱ．①渡… ②木… ③郭… ④陈… Ⅲ．①小学生－心理健康－健康教育 Ⅳ．①G444

中国版本图书馆CIP数据核字（2022）第187023号

责任编辑：赵　曼
封面设计：末末美书
责任印制：李志国

出版发行：中国妇女出版社
地　　址：北京市东城区史家胡同甲24号　　邮政编码：100010
电　　话：（010）65133160（发行部）　　65133161（邮购）
网　　址：www.womenbooks.cn
邮　　箱：zgfncbs@womenbooks.cn
法律顾问：北京市道可特律师事务所
经　　销：各地新华书店

印　　刷：北京通州皇家印刷厂
开　　本：165mm×235mm　1/16
印　　张：11.75
字　　数：150千字
版　　次：2023年1月第1版　　2023年6月第2次印刷
定　　价：49.80元

前　言

“原来土豆是在地里生长的！”

“今天第一次吃到咖喱，好好吃啊！”

……

孩子们每天会遇到许多新鲜事，有许多新发现。对于他们来说，几乎每天都会碰到没见过、没体验过的事情，所以生活总是充满惊奇。

不过，对于孩子来说，每一天并非全是好事。因为一切充满未知，所以，有可能会被大人批评说“不行，这样做不对”，也有可能会因为察觉不到危险而受伤，或是因为体谅不了他人而发生争吵。这些情况会使孩子感到紧张和不安。他们就是这样在日常生活中通过不断体验来丰富情感，学习各种知识。然而，极其关注孩子智力发展的家长往往会给孩子施加压力，每天都会强迫孩子学习。

大人关心、注重孩子的智力发展，往往容易变成逼迫孩子学习。家长总会对孩子说“你快点儿呀”“你怎么还不懂啊”“我刚才跟你说过了吧”这样的话，导致孩子的学习意愿降低。

在这样的教育下，孩子即使能将很多知识塞进小脑袋里，也会觉得“学习不好玩儿”“我这么笨，干脆不学了”，不愿去学校的孩子逐渐增加。

孩子只有带着好奇、兴趣、兴奋去学习，他才会产生学习的欲望。被认可、被表扬，他才会越来越有干劲儿、有自信。

身处幼儿教育一线，我经常会遇到这样的孩子——他们无法正常感知人世间的各种事物和人际关系，不能充分地感受喜怒哀乐的情绪。

本书提供了50个训练活动，通过教孩子调节自己的心情、关注自己和他人的情绪、与他人进行交流的方法和技巧，帮助孩子重新链接情感回路、充分发挥情绪感受器的功能。

本书既可应用于家庭教育，也可应用于班级、学校，甚至社会教育活动中。教育者可视情况进行具体安排。

希望此书能帮助殷切希望孩子幸福成长的家长及各位教育工作者。

日本法政大学心理学教授

渡边弥生

目　录

1 察觉自身的情绪

2 察觉他人的情绪

3 调节自身的情绪

哈哈 哈哈
他要笑到什么时候啊！
哈哈
哈哈
鬼故事有这么可怕吗？
哇啊——

我鞋子怎么这样了！
焦躁
是我讨厌的豌豆
烦躁
烦躁
对不起！没事吧？

4 与朋友的相处之道

阅读指导

每个标题会用 3 页来展示孩子要学习的社交技能及相关问题。

1 思维方式和情绪的关系

走近儿童

伴随着事情的发生，人们会产生各种各样的情绪。思维方式不同，每个人产生的情绪也各不相同。对不同情况的不同理解决定了情绪的变化。因此，想了解自己，必须先弄明白想法和心情的关系。

16

参考上页图，将图中人物的想法和与其对应的心情用线连起来吧。

思维方式	心情
为什么不带我玩呢？	好过分
好想和他们一起玩，可是我不敢问。	紧张
就算去问的话，他们能同意一起玩吗……	难过

练习 你会是什么心情呢？

假设你正处在以下两个场景中，你会是什么样的心情呢？想一想，为什么会产生这样的心情。

❶ 你在家看电视时，家人说："总是看电视！"然后便把电视关掉了。

17

第 1 页

第 2 页

你的心情？

为什么是这样的心情呢？试着把理由写下来吧。

❷ 你把完成好的算术题交给老师，批改后得了满分。

你的心情？

为什么是这样的心情呢？试着把理由写下来吧。

小知识

了解自己在何时何地会产生何种情绪，以及为何会产生这种情绪至关重要。通过厘清状况和情绪的关系，能够更好地控制情绪。此外，在和其他人分享、交流时，你或许会发现"在这种时候，别人是这样想的啊"。并且，这类沟通还会促进情绪交流活动的发展。

由此我们得知，不同的人在相同的情况下产生的情绪是不同的。

18

第 3 页

◆“走近儿童”板块

首先是“走近儿童”这一板块。通过这一板块，家长和老师能更好地理解书中所列的技巧，同时能在实践中进一步加深对培育儿童情绪力的理解。

◆对象人数 · 对象年龄

进行训练活动时，具体的操作方法会因实施的目的和主体（个人／班级／学校）不同而不同。在开展具体活动时，要充分考虑儿童的特质与他们所处的发展阶段。

本书以幼儿至小学低年级的孩子为目标对象。如果能够根据孩子们的理解能力和学习意愿，调整教材的内容、展示方式（卡片、连环画、PPT 等）和提问方法等，那么本书也可以用于其他年龄段的孩子。详情请参考本书第 175~176 页。

◆“练习”板块

这一板块的活动可以直接运用于家庭、幼儿园及学校。它们不仅适合父母在家中进行，也可以在幼儿园或学校以团体活动、小组学习等形式展开，均可达到寓教于乐的效果。

◆“小知识”板块

这一板块从心理学的角度出发，列举出情商训练的目标和注意事项。可以先熟记这一板块的知识，再将其与上面的训练相结合。在具体实践中，不同孩子做出的反应各不相同，可以在实践过程中结合实际情况，适当补充自己的想法。

情商学习没有固定的答案，教育者要意识到个体间存在差异，并努力去了解和接受这种差异，以帮助孩子形成良好的人际关系。

◆如何在学校里开展情绪教育

本书将向你介绍多种适用于学校内开展的情绪训练方法。这些方法能用于学校各个场景，如早晚班会、年级举办的各种日常活动等，其中也包括可用于全校集体活动的方法。使用者可加入自己的想法，灵活运用本书，使之成为更具效果的情绪管理学习教材。

对于不想参加情绪训练的孩子，老师应尊重孩子的意愿，可以先从创造能让孩子安心享受的亲子时光着手。由于是情绪训练活动，所以最重要的是营造一个轻松愉悦的氛围。

◆训练活动的顺序

本书向你介绍的 50 个训练活动是按由易到难的顺序排列的，但这并不是说一定要按顺序进行训练。使用者根据自己的意愿或孩子的情况，既可以先挑出孩子可能感兴趣的板块，也可以有所侧重地选择希望孩子参与训练的板块。在选择板块时，请参考参与训练的人数和年龄。

◆想对家长们说的话

这本书虽然是为孩子设计的“表达情感”“了解情感”“管理情感”等情绪管理方法，但成年人也可以借鉴这些方法，用来调节自己的情绪和体察他人的情绪。

儿童情绪管理，只需要知道这些！

1. 认识情绪管理

① 感知情绪

家长都期待孩子能够健康成长，希望看到他无忧无虑、尽情欢笑，想让他“不恼怒、不哭丧着脸，茁壮成长”。

然而，随着孩子年龄的增长，他会比成年人体会到更多的负面情绪。由于孩子尚未体会过各种各样的情感，因此他对情绪的体会更加细腻，加之语言表达能力不足且认识事物的视角有限，就会导致压力在内心慢慢累积，出现号啕大哭、垂头丧气、失去干劲儿等现象。

处在幼儿期至小学低年级这一年龄段的孩子，还不能充分理解“内心”“感情”这些比较抽象的词语，也未形成作为行动主体的“自我”概念，感知能力和思考能力尚未完善。因此，在受到外界刺激时，他们很容易产生过激反应，甚至会情绪失控。

孩子大多不知道如何用口头语言和肢体语言表达情绪，也很难充分理解身边人的感受，又不懂得如何寻求帮助。当孩子有过激反应或情绪失控的情况时，家长往往会表现出厌烦，想压制孩子的情绪。很多情况下，即使孩子表现出了不愉快，还是会受到家长的斥责，因此他会变本加厉，使出浑身解数来发泄自己的难过和愤怒。孩子如果没有掌握控制情绪的方法，就会被不良情绪摆布得筋疲力尽。

即使是成年人，如果处在一种无法用语言表达，而且一切未知的环境中会怎么样呢？我们会变得非常不安。当无法理解他人的表情和动作，不懂得怎样用语言去表达自己的情绪，也不知道如何与人相处时，我们可能会大吼大叫，勃然大怒。而且，在这样的情况下，还要被他人责骂，我们又会如何？

因此，成年人需要做的，就是在充分理解上述情况的基础上，帮助孩子接纳自己的情绪，并且教会他用准确的语言描述。比如，感觉到快乐时，可以说“我很开心”；感到难过时，可以说“我现在不高兴”。通过生活中的实际体验，让孩子明白，别人同样也会有情绪，别人的情绪有时和自己相同，有时和自己不同。

孩子们需要学习和掌握自我情绪管理的方法和技巧，以面对成长过程中的各种情况。这种关于情感的既定规则和知识，被称为“情商”。情商的培养仅仅靠孩子自然习得是不够的，需要家长系统地对孩子进行相关的教育。

❷ 控制情绪

孩子应该如何控制自己的情绪呢？从不舒服就哭闹的婴儿时期开始，孩子的自我意识就开始萌芽了，在日复一日的生活体验中，他逐渐意识到自己会产生各种各样的情绪。比如，玩具被抢走时的愤怒、玩游戏时的喜悦、被表扬时的高兴、被批评时的愤怒或悲伤……

大人往往会否定孩子的负面情绪，对他们说“不许生气了！别哭了”，以此压制孩子的情绪。大人有必要教孩子认知内心涌现出的情绪的名称，让他知道情绪产生的原因，并告诉他如何控制情绪。比如，对孩子说“宝贝是因为妈妈回来了，所以很开心吧”，或者“因为玩具被抢了，所以很生气吧”。通过这些语言，让孩子注意到自己的情绪，并知道情绪产生的原因。情绪训练一般包含五个步骤：

① 言传——用孩子能够理解的方式来解释事情非常重要。

② 身教——孩子是在对父母以及身边人的观察中，学会管理情绪的。如果孩子在暴躁的父亲或母亲身边长大，那么他很有可能容易暴躁。用“你给我温柔点儿”这样的方式教育孩子，他是无法学会温柔的。

③ 练习——在日常生活中，练习忍住不要发怒或哭泣。

④ 反馈——当孩子很好地完成了情绪管理时，表扬他“你没有生气，好棒呀”。当孩子没能很好地完成情绪管理时，给他提供具体的指导：“不要吼叫，你可以告诉他不要再这样做了。”

⑤ 应用——让孩子在多种场合进行尝试，培养孩子在不同场合时的情绪管理能力。

3 首先家长要做表率

要想让孩子正确地感知情绪，家长要先丰富自己的内心，多用丰富的语言去表达情绪。比如，在向外界表达积极情绪时，是不是很多人只会简单地说“开心”或“难过”呢？其实，我们还可以使用“心旷神怡”“神清气爽”“喜上眉梢”“欢呼雀跃”等诸多词语表达。能够自如地使用更丰富的词语表达情绪时，内心也会变得更为丰盈。

在表达负面情绪时亦如此。通过用“沮丧”“寂寞”“悲伤”“凄惨”等词语进行准确的描述，我们才能更好地接纳自己的情绪。

越是了解自己，就越能将这些感受传达给他人。因此，家长首先要意识到情绪的存在，并且学会如何管理情绪。然后，在实际生活中，告诉孩子体验情绪的重要性及管理方法。

2. 向孩子提供情感援助

❶ 情感援助“三步走”

在学校里，孩子不仅要学习课本上的知识，还要学习与人相处的方法。家长和教育工作者需要帮助孩子培养学习能力和人际关系处理能力。

对儿童成长提供的这种支持被称为“情感援助”，共分为三个层次（参见下图）。

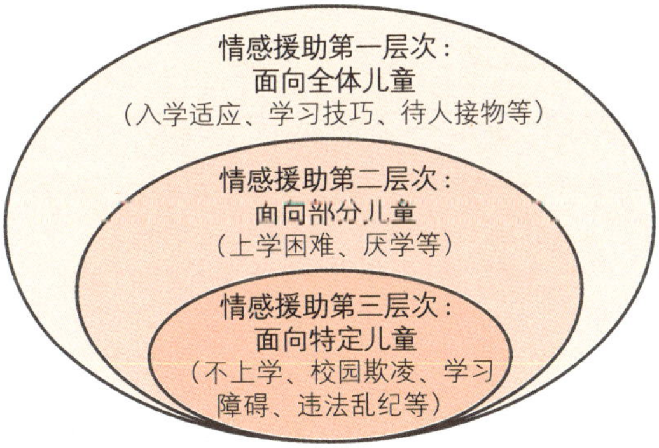

情感援助三层次

●情感援助第一层次

面向全体儿童。例如，中小学开学时，帮助孩子们适应新环境，并通过课堂上的教学，使他们了解自己以及他人的情绪，并学会妥善管理自己的情绪，可以考虑在班级或全校面向全体孩子进行必要的情感援助。

●情感援助第二层次

面向部分有需要的儿童。这是对于频繁出现迟到早退、总想请假、丢三落四、喜怒无常等状况的儿童，单独进行的情感援助。此外，对于不能很好地表达自身情感，或上课态度、课堂发言有异常的儿童也应进行第二层次的情感援助。

●情感援助第三层次

面向明显需要情感援助的儿童。这一层次面向的是情绪暴躁、无法调控自己的情绪，出现打别的小朋友、破坏物品等行为，仅靠课堂教育无法恢复正常的儿童。对于这部分儿童，必须根据他们各自的情况进行更为细化的情感援助。

比如，对这部分儿童做一个情感状况评估——他们在情绪发展过程中的哪个阶段遇到了问题、需要什么样的情感援助等。根据“是否能理解自己的情绪”“产生情绪时身体是否能灵敏地察觉”等评价这个孩子出现了什么问题。

曾遭受过欺凌、家庭暴力的儿童，通常会压抑自己的消极情绪，因此，可能会在情绪训练课中出现突然爆发情绪的情况，进而陷入无法控制的状态。比如，在训练课中出现对抗行为，或者说“我不想做了”，而陷入郁闷状态。

这时，就需要提供单独的情感援助，认真倾听儿童的心声，理解其产生该情绪的理由，特别是受欺凌、家庭暴力等影响导致负面情绪较为严重的孩子，需要循序渐进地进行情感援助，理解孩子的消极情绪，帮助孩子进行情绪梳理。

根据上述三个层次的援助服务，在掌握孩子具体情况的基础上进行援助是非常重要的。

❷ 情绪培养由易到难

很多词汇可以用来表达情绪。有“生气”“开心”“难过”这样表达基本感情的词汇，也有“烦闷不已”“空虚难耐”“难以释怀”这样表达复杂情绪的词汇。

有时，多种情感交织在一起会产生复杂的情绪。比如：“是挺开心的，但总觉得有点儿孤单”“道理我都懂，但我就是没法原谅他”等。其实，出现复杂的情绪时，即便是成年人也会在表达情感时犯难，在管理情绪时倍感焦虑。

表达复杂情绪不是一件简单的事。因此，在儿童情感教育初期，应结合身边最常见的情况，从使用“开心”“高兴”“生气”等简单的词汇开始。

进入小学较高年级时，面对同样的事情，不同的孩子会表现出细腻多样的情感。比如，你向一位朋友打招呼，他却没理你，直接走过去了。这种情况下，有的孩子会觉得没得到回应，感到生气；而有的孩子就会胡思乱想，觉得“被无视了，好难过”“我是不是做错什么事情了”。因此，我们要告诉孩子，在不同情况下，不同的人感受到的情绪是不一样的。

3. 本书在学校的应用方法

① 培养用语言表达情绪的能力

小学低年级学生可以按照事情发展的顺序详细地写出作文，但其中对心情的描述却通常只有结尾的一句“我玩得很开心”。

乍一看，孩子们对自己的心情描述得很简单，而在询问他们时，会发现他们的内心活动要比文字描述的丰富得多。由于他们不懂得如何用相关的语言表述内心丰富的情感活动，因此没法具体捕捉并将其组织成文。

在课堂上，或者在学校里，如果孩子们都能用语言表达自己的情绪，那么就可以获得一种彼此理解的温暖体验。而且，还能够培养孩子了解他人情绪的意识，进而开始思考该用什么样的行动来照顾别人的感受。

② 别说“你的情绪……”，多用“情绪是……”

在学校生活中，什么样的情况下能够培养孩子们用语言来表达情绪呢？在不同情况下，大人可以说“因为发生了这样的事，所以是这种心情”，用具体的语言来表达“开心”“高兴”“讨厌”“焦躁”“伤心”“后悔”等各种各样的心情。孩子们也学着“如果是这种心情，可以用这样的说法来表达”。

但是，在班级或学校的集体中，让每位学生在适当的时机表达出自己的情绪并不是一件容易的事。特别是在遇到问题产生了消极情绪时，学生当即做出的应对不一定恰当。

让孩子回忆被人说了什么，让他再一次感受“他说我坏话，真讨厌”这样的情绪，会增加孩子对对方的厌恶感，或者不断强调“努力完成的作品坏掉了，非常难过”这样的感受，让孩子陷入悲伤中。

反复确认、事后确认“你的这种情绪”，会增强其中的消极部分，给孩子造成心理压力，让他感觉自己很可怜，而降低自我认同感，因此要注意谨慎处理，防止这类事情发生。

本书介绍的训练活动并不是让大家在与人发生矛盾后寻找情绪的来源，寻求和解方法，而是通过想象各种生活场景，去理解“情绪是什么”“自己和别人的想法是不同的”。只有这样“理解情绪”，双方才能相互理解。

❸ 优先进行正面情绪教育

在集体中，情绪问题往往不是出现在开心和睦的时候，而是出现在发生争执的时候。比起负面情绪，我们更希望孩子能理解和表达自己的正面情绪。无论是否发生争执，在对个人、少数人或者班级等进行情绪教育时，我们建议把几个板块的训练结合在一起进行。

4. 致家长

❶ 家庭中的耳濡目染

当提及需要全家人一起参与时，似乎总意味着要做什么特别的事情，会让人觉得要做的事情难度很高。对于孩子来说，家与幼儿园、

学校不同，因为在家接触到的都是亲人和自己熟悉的东西，是最放松的地方。

平时，孩子会模仿家人的言行，自然而然地学会家人之间的相处方式和情绪表达方式，并通过在家里不断地尝试与试错，逐步习得社会上通用的“情绪语言”和“社交技巧”。

❷ 珍惜亲子时光

虽说家庭是孩子学习“情绪语言”和“社交技巧”的场所，但家长并不需要刻意去做准备。一起洗澡、一起看电视、一起睡觉等都是平常很基础的亲子活动。在亲子相处时，家长用语言把情绪表达出来，对于孩子来说就是学习情绪表达最好的范本。

在给孩子读故事书时，让孩子试着去想象、去表达故事中登场人物的心情。让孩子意识到，要注意的不仅有故事内容，还有角色的动作、癖好、非语言部分等。这样做，家长也能从孩子的表达中意识到

“原来孩子是这么想的啊”“也可以使用这样的语言啊”。

❸ 家长也需注意自己的情绪

家长也是普通人，他们的喜怒哀乐难免会展示在孩子面前。只有家长做到不遮掩情绪，孩子们才能学会关注他人的情绪。

❹ 情绪可视化

生活中，很多家长会不自觉地对孩子吼道“你哭什么啊！你说话啊”，希望孩子通过说话来解释（用语言将情绪可视化）。确实，对于仍处于情感发展阶段的孩子来说，懂得如何用语言表达情绪是十分重要的一课。

“情绪可视化”是情绪传达的一种有效手段。它能帮助人们感知自身情绪、传达真实情感、解决情感问题。用语言表达情绪不是什么难事，但当情绪错综复杂时，即使是大人也不见得能做好。

除语言外，绘画、标数值、画表格等也是情绪可视化的手段。此外，通过色彩、尺寸的编排也能发挥情绪可视化的作用。

由此可见，情绪可视化并非只有语言这一种。家长们可以从多角度、多方面入手，思考最适合的教育方法，让孩子逐渐掌握情绪表达的能力。

1

察觉自身的情绪

1 思维方式和情绪的关系

走近儿童

伴随着事情的发生，人们会产生各种各样的情绪。思维方式不同，每个人产生的情绪也各不相同。对不同情况的不同理解决定了情绪的变化。因此，想了解自己，必须先弄明白想法和心情的关系。

参考上页图，将图中人物的想法和与其对应的心情用线连起来吧。

思维方式			心情
为什么不带我玩呢？	●	●	好过分
好想和他们一起玩，可是我不敢问。	●	●	紧张
就算去问的话，他们能同意一起玩吗……	●	●	难过

练习 你会是什么心情呢？

假设你正处在以下两个场景中，你会是什么样的心情呢？想一想，为什么会产生这样的心情。

❶ 你在家看电视时，家人说：“总是看电视！”然后便把电视关掉了。

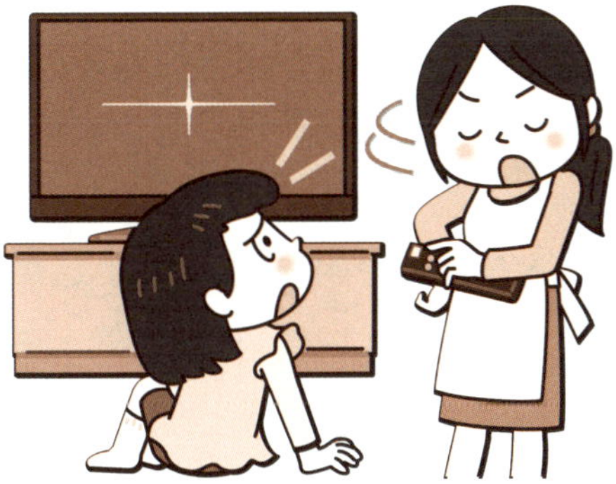

你的心情？

为什么是这样的心情呢？试着把理由写下来吧。

❷ 你把完成好的算术题交给老师，批改后得了满分。

你的心情？

为什么是这样的心情呢？试着把理由写下来吧。

小知识

了解自己在何时何地会产生何种情绪，以及为何会产生这种情绪至关重要。通过厘清状况和情绪的关系，能够更好地控制情绪。此外，在和其他人分享、交流时，你或许会发现“在这种时候，别人是这样想的啊”。并且，这类沟通还会促进情绪交流活动的发展。

由此我们得知，不同的人在相同的情况下产生的情绪是不同的。

2 表达情绪的话语

走近儿童

生活中，我们经常使用“开心”“难过”“焦躁”等词语表达自己的心情。我们懂得表达心情的词汇越多，就能越好地传递自身情感，也能越及时地关注他人的情绪。我们不难注意到，表达心情的词有很多。

以下五个场景中，你会是怎样的心情呢？选出对应的心情卡片吧。

1. 原定的郊游因为当天下雨取消了。（　　）（　　）
2. 拐角处突然跑出来一只大狗。（　　）（　　）
3. 收到了来自朋友的生日礼物。（　　）（　　）
4. 哥哥给我买了非常喜欢吃的点心。（　　）（　　）
5. 努力排练的表演剧要正式演出了。（　　）（　　）

心情卡片

开心	快乐	焦躁	激动	孤独
紧张	很糟糕	痛苦	伤心	兴奋
讨厌	害怕	反胃	超级棒	后悔
吃惊	舒畅	幸福	松了口气	可惜

练习 这些表情表达了什么心情呢？

参考下面给出的表情图，一起思考以下两个问题吧。

1. 这个表情表达了什么心情呢？试着把它填进方框吧。
2. 什么时候我们会做出这样的表情呢？

①

② 的时候 的时候 的时候

①

② 的时候 的时候

小知识

- 同一个表情可以表达不同的心情。每个人表达心情的语言也是不同的。通过相互交流注意到这些，了解不同的情绪表现。
- 练习时，要认真倾听，不要否定对方。情绪力的练习是没有固定答案的。

3 情绪有很多种

走近儿童

人的情绪是复杂多样的。其中，有开心和难过，有情绪高涨和低落之分。开心和难过，就是正面情绪（开心、高兴）和负面情绪（焦躁、难过）。根据情绪能量的强弱来区分，既有平稳、失落等能量较弱的情绪，也包含喜悦、生气等能量很强的情绪。

1. 在下面的括号中标出你的情绪状况吧。

- 开心（开心 ├──┼──┤ 难过　　程度 弱 ├──┼──┤ 强）
- 难过（开心 ├──┼──┤ 难过　　程度 弱 ├──┼──┤ 强）

2. 观察上页的图片，思考可以表达该情绪的词语。大家一起讨论，选出得票最高的五个词汇，填在下面吧。

(　　　　　　　　)(　　　　　　　　)(　　　　　　　　)

(　　　　　　　　)(　　　　　　　　)

练习 一起使用情绪量表吧！

根据开心和难过、高涨和低落，把情绪分成四个情绪区（参见第 24 页的图）。

大家选出的五个词分别位于四个区的哪个区呢？试着标出来吧。

和小伙伴讨论后就会发现，即使是同样的情绪，每个人的感受也是不同的。

以小 A 为例

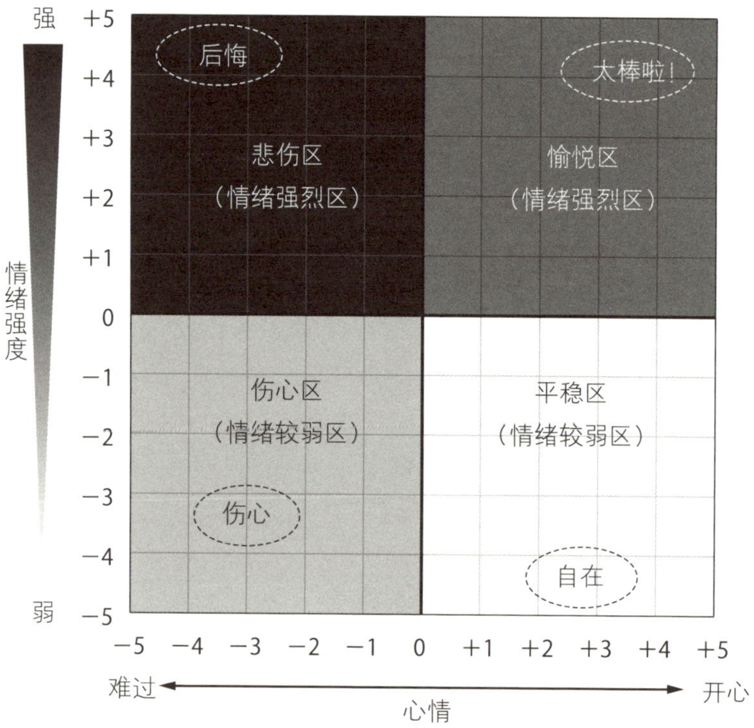

< 参照 > 耶鲁大学情绪智力中心的情绪测试表

小知识

- 将情绪可视化后不难看出，即使是同样一句话，每个人的感知不同，情绪分布的区域也有所不同。
- 人和人的情绪感知不同，因此容易产生误会。可视化工具的一个重要作用，是让人们意识到这种差别并尽量做到相互理解。

4 读懂肢体语言

走近儿童

有些孩子明明没有生病，却说自己不舒服。他们可能遭遇了挫折或者有心事，自身的紧张和不安没得到缓和，情感上遇到了障碍，为了回避或克服这种情绪，会通过身体症状表现出来。

1. 最近有没有什么不开心或是介意的事呢？
2. 是什么时候出现了那样的情绪呢？根据自己的情况在适当的地方圈出来（幼儿可使用图画来表示）。

有考试	和朋友吵架了	碰到不擅长的体育活动
有汇报 / 报告	作业没做完	被父母批评了

3. 当孩子状态不好的时候，家长或老师可以试着问他身体是不是不舒服，比如是不是“有点儿恶心”“肚子疼”。

练习 观察我们的身体吧！

❶ 开心时，身体的各个部位都有什么感觉呢？回答下面的问题，并用语言表达出来。

如：针扎般的阵痛、感到温暖、起鸡皮疙瘩、呼吸急促、没精神、激动、兴奋

开心时

○脸的感觉？________

○胸（心脏）的感觉？________

○手（手指）的感觉？________

○脚的感觉？________

○腹部的感觉？________

❷ 难过时，身体的各个部位都有什么感觉呢？仔细想想，并用语言表达出来，回答下面的问题。

难过时

○脸的感觉？ ______________________

○胸（心脏）的感觉？ ______________________

○手（手指）的感觉？ ______________________

○脚的感觉？ ______________________

○腹部的感觉？ ______________________

小知识

- 在班级开展这个练习时，先让学生自己做一遍，之后让大家在班级里互相交流分享。记住，也可以试着让他们用色彩去表现身体的状况。
- 心情急切时身体也很着急，胸口会怦怦跳，会变得很激动、很亢奋。诸如此类的很多具体的瞬间，我们都可以感觉到心情与身体是紧密联系的。
- 注意到各种各样的情绪。当有负面情绪或静不下心来时，可尝试通过身体去调节（比如深呼吸等）。

5 观察自己的表情

走近儿童

我们可以看到别人的表情，却看不到自己的表情。别人可以很清楚地看到我们的表情（比如生气的表情），但我们自己却看不到。让孩子注意自己的表情，从而明白别人会作何感想，更好地理解情绪。

1. 别人看到自己的表情会是什么感受呢？试着让孩子写一写吧。

（例）

开心	无聊	生气

2. 看到朋友的表情，自己的感受如何？试着让孩子写一写吧。

3. 从自己的表情里感受到什么了呢？试着写一写吧。

练习 用镜子试试看吧！

对着镜子依次做出以下四个动作。

❶ 和镜子中的自己打个招呼吧。

“你好！”

怎么样？打完招呼了吗？再试着多聊几句吧。

❷ 刚刚聊了些什么呢？

接下来，张开嘴巴，试着发出“咿——”这个音。

怎么样？看着自己的表情，有什么感觉呢？

3 接下来，试着张大嘴巴。

怎么样？是不是嘴巴张开的大小不同，看起来的感觉就会不同？

4 是不是发现自己可以做出很多表情呢？试着用表情表达出你现在的心情吧。

让孩子们试着夸张地动动嘴巴、眼睛和眉毛，感受表情的变化，他们就能意识到这一点并自发思考别人看到自己表情时的感受，借此进一步理解情绪和表情的关系。也可以组队进行练习。生气时、伤心时，表情都会发生什么样的变化呢？多多尝试、多多感受吧。

小知识

- 开心时会笑、伤心时会哭，这些是大家容易从表情里感知到的情绪。除此之外，人还有不安、嫉妒等难以从表情上判断的情感。逐步挑战更多复杂的情绪表达吧！
- 情绪可以通过表情展示出来，表情会随心情变化。懂得这一点也很重要。

6 用表情表达情绪

走近儿童

开心就笑、伤心就哭，这是人类的自然反应，但是人未必总是直接表现情绪的。在众人面前，人们往往会出现掩饰情绪，或是考虑对方的感受而控制自己情绪的现象。

掩饰未必是件坏事，但掩饰过度就不好了。自己过于掩饰而让对方产生误会的事时有发生。因此，学会正确表达自己的情绪十分重要。

1. 引导孩子用表情来表达一些基本的情绪，如开心、难过、痛苦等。

2. 两人一组，轮流做鬼脸挑战，如“笑一笑！啊～噗～噗～”，相互看看表情有什么不一样吧。

练习 假设处在以下场景中，你会是什么表情呢？

❶ 桌上有两块蛋糕，一块巧克力味的，一块草莓味的。因为要和姐姐分着吃，所以你只能选一块。但是“两块看起来都好好吃啊。好难选啊”。

◇为难的表情是什么样的？试着做做看吧。

❷ 和家人一起泡温泉。你和爸爸一起泡露天温泉，不禁感叹：“哇！真是太舒服啦！”

◇最舒适、最放松的表情是什么样的？试着做做看吧。

❸ 今天举行运动会。你参加了短跑项目，马上就要轮到你比赛了。你站在起跑线上，屏住呼吸，准备起跑。

◇咬紧牙关，认真的表情是什么样的？试着做做看吧。

小知识

- 认识正面情绪和负面情绪固然重要，但对于年龄较小的孩子，应考虑让他们多进行正面、积极的情绪体验。
- 考虑到年龄较小的儿童掌握的词汇相对较少，可引导他们用表情来表达情绪。设法引导每一个孩子，让他们都能表达出自己内心丰富的情绪。

7 用动作表达情绪

走近儿童

除了表情，动作也可以表达情绪。接下来，我们就一起学习如何通过动作向他人传达自己的情绪，同时如何从他人的动作中读懂对方的情绪。

想一想，当你处在以下情绪中，你会做出什么样的动作（行为或表现）？

① 开心　激动

跳起来	盯着看	比个“耶”

其他：

② 无聊　没劲

晃脚	摇椅子	托腮

其他：

③ 不安　紧张

弯着身子僵在原地	紧握双手

其他：

练习　做出动作表达心情！

❶ 你在不同的情绪下，会做出什么动作呢？向大家展示一下吧。（规则：不能出声，也不能做表情）

心情1：见到了明星。心情激动时

心情2：昨天和朋友吵架了，还没和好。正在生气时

心情3：妈妈来接自己回家。感到安心时

❷ 你会做出怎样的动作呢？试着画出来吧。为下面的人像画上相应的五官、手脚及其他身体部位吧。

（例）

❸ 你会做出怎样的动作呢？试着写一写吧。

心情 1：跳起来　盯着看　比个“耶”
心情 2：蹭蹭（哼哼）往前走　攥拳
心情 3：伸展双臂，打开胸腔　张开双手

小知识

- 情绪能够通过动作来表现，动作也可以表达情绪，以后可以通过动作来关注自己的态度及他人的表情。
- 用文字描写姿势和动作不是一件容易的事。关于情绪，我们还可以进行更深层次的学习。进行情绪力训练时，我们可以适当加入表达心情的词汇及与动作相关的内容。

8 声音与情绪息息相关

走近儿童

说话的声调也与心情相关。心情愉快时是一种声调，伤心难过时又是另一种声调。懂得情绪与声调相关，就可以控制自己的声调，也能通过声调判断对方的情绪。

1. 吃饭前打招呼时，想一想这时候的声调是怎样的呢？

“我超喜欢吃这个！我要马上吃！”

活力满满的声调	伤心难过的声调	生气发怒的声调

“我不爱吃这个……可能吃不了。能把它剩下吗……”

活力满满的声调	伤心难过的声调	生气发怒的声调

2. 自己的声调符合哪种呢？在相应的地方圈出来吧。

大	├────┼────┤	小	高	├────┼────┤	大
明亮	├────┼────┤	沉闷	缓慢	├────┼────┤	激烈

练习1 当个配音演员吧！

想象你是以下角色，代入角色的心情，把相同的台词演绎出来吧。

尽管台词一样，心情不同时发声的方式也不同哦。

场景 职位竞选

台词 “我想成为一名饲养员！”

登场人物 A：很想被录用，自信满满。

登场人物 B：不想干饲养员，但也没别的干了，没办法才来竞选的。

登场人物 C：还有另一个心仪的职位，在这两个职位间拿不定主意。

如果比较难进入角色，可以使用简单的词来表达。
回答→“是的”“不”
引起对方的注意→“喂”“那个”
打招呼→“谢谢”“早上好”

练习2 试着设计一下台词的字体吧！

漫画里的台词通过字号的大小及字的形状来配合表现出场人物的心情。试着在下图中根据人物的表情设计台词“好的”这两个字。

小知识

同样一句话，情绪不同，声调也不同，通过声调就能够向听的一方传递情绪。懂得这一点后，孩子会更明白聆听他人的重要性。

9 找出自己的坏习惯

走近儿童

行为习惯和表情习惯也会随着情绪变化，虽然是无意识的行为，但这一行为会反复出现。只有身边人告诉他时，他才会意识到“原来自己会有这些习惯啊”。我们一起来观察一下，当孩子不安、焦虑时，会做出什么样的举动。

1. 选出孩子常出现的动作。

眨眼次数增多	咂巴嘴	咬手指甲
噘嘴	用手指摆弄头发	不自觉地抖动

2. 看到别人做出上述动作时，你感受如何？

练习 发现新的自己

❶ 自己都有哪些癖好？可以问一下家人或好朋友。
当你觉得“我是不是有点儿烦躁”的时候，会做什么呢？

比如：不自觉地抖动（抖腿）、咬指甲、摆弄头发……

❷ 把问到的信息总结一下吧。

问了谁？（　　　　　　　　　　　　　　　　　　　　　　　　）

在什么时候感到焦躁？

（　　　　　　　　　　　　　　　　　　　　　　　　　　　　）

当时自己在干什么？

（　　　　　　　　　　　　　　　　　　　　　　　　　　　　）

当知道自己在做无意识的行为时，是怎么想的呢？

（　　　　　　　　　　　　　　　　　　　　　　　　　　　　）

小知识

- 说到癖好，大家都对这个词有不好的印象，但人无完人，谁都或多或少地有一些癖好。
- 让孩子多注意自己及他人的“癖好”。
- 很多人在焦躁不安时，会不自觉地咬指甲、发抖（抖腿）。努力让孩子控制自己不做这些行为。
- 太过在意的话，有可能会适得其反。首先要帮助孩子，让他放松心情。

10 试着表达情绪

走近儿童

表情、声调、动作等都能体现出一个人的心情。比如，开心时人们往往会通过笑、提高声调、拍手等表达自己的喜悦。想一想，平时自己是怎么表现情绪的呢？

1．能在自己喜欢的地方玩儿，心情怎么样？试着写一写吧。

2．让孩子观察并思考，情绪表现有哪些特点？

- 表情（比如：笑、用力、流泪）
- 声音（比如：声调高、声调低、声音洪亮、低声私语）
- 动作（比如：抬手、跳跃、低头、呆滞）

练习1 开心时

开心时你会做什么呢？试着写一写吧。

比如：被家长表扬时 / 玩扑克牌赢了时 / 玩喜欢的游戏时

练习2 蒙眼画五官游戏

从练习 1 中选出几个场景。想一想，当你处在这些场景时心情如何？试着用画将其展示出来吧！

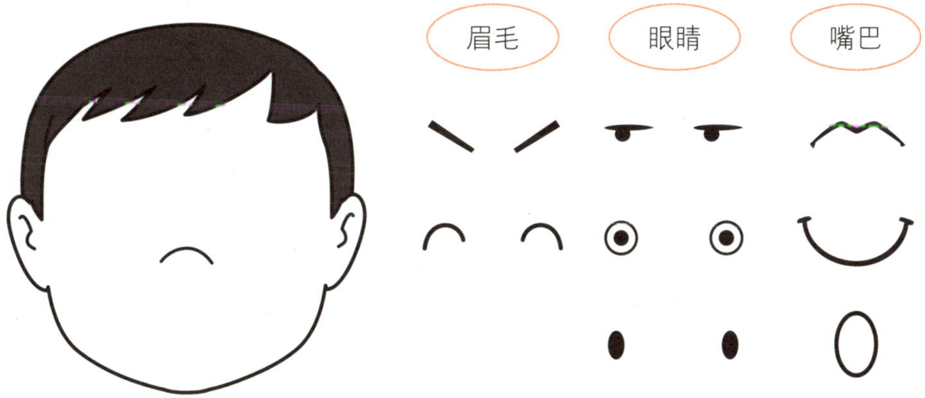

小知识

- 日常生活中，大人可以在具体场景中向孩子说明情绪和表情动作的关系。比如，可以告诉他们：“眼睛笑眯眯——笑起来的时候眼睛是眯着的，对不对？”“大家高兴的时候说话声音会变大。”这样他们就能更好地理解情绪和表情动作的关系，也能拥有更丰富的情感体验。
- 当有些表情无法形容时，可以让孩子阅读相关图画书或对着镜子练习等方式达到教育目的。

11 情绪会随着时间变化

走近儿童

当有不好的事情发生，或者被说坏话时，孩子们往往会生气发怒，此时他们喜欢拿东西撒气，甚至直接动手和对方打架，导致冲突发生。但是，怒气并不是一直存在的，会随着时间的变化而发生变化。接下来就让孩子体验一下这种变化吧。

吃早饭时被家长训斥了。你的心情从出家门前到抵达学校时会发生什么样的变化呢？试着选一选吧。

被训斥时　　上学时　　课堂上

心情

火冒三丈	情绪低落	冷静下来
觉得孤独	变得开心	坐立不安

练习　思考一下情绪的变化吧！

回想一天都做了什么，为什么情绪会有变化？想象一下，你正处在以下场景里，你的心情是什么样的？选出你的心情填一填吧。

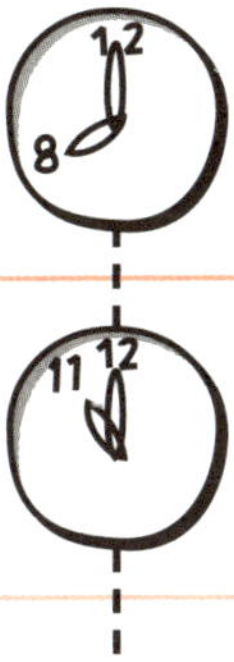

早上去学校，玩了自己最喜欢的秋千。（　　　　）

上午，因为一本书和朋友吵架了。（　　　　）

午餐是自己最喜欢的咖喱饭。（ ）

放学回家，作业很难。（ ）

晚饭时给家人当帮手，被表扬了。（ ）

开心　高兴　幸福　焦躁

难过　发怒　震惊

小知识

一天之中，既有难过也有开心，情绪随着时间的变化而变化。没有人可以一直保持同一种情绪。当你心情不愉快时，可以尝试做其他的事情，转移注意力，心情也会随之发生变化。

专栏 1

教育与情绪

家长在教育孩子的时候，原本是想“我一定要尽可能冷静地和孩子沟通”。但总是不自觉地在沟通时发怒，过后又陷入自我反思之中。他们对孩子的期望值越高，在教育孩子的时候嗓门就越高，甚至会当场对孩子大吼“不能这样做”。对孩子来说，比起不能做这件事的理由，家长愤怒的情绪会优先被捕捉到，进而传达给孩子。

此外，由于愤怒是因无法忍受不满或不愉快而产生的情绪，因此对于孩子来说，他们会认为“对方是讨厌我的”，被家长大吼大叫的记忆会深刻地留在其脑海里。例如，“之前明明跟你说过不能做这件事，怎么又做了呢？”“到底要说几遍才能懂？”这样的说法是从情感角度批评孩子，可能会伤害到孩子的自尊心。因此，家长要谨记，在告诉孩子不能做什么的同时，也要告诉他们应该怎么做，用孩子能理解的话语冷静、耐心地指导他们。比如：

“如果你抢走那个小朋友的图画书，他会很伤心。之前别人拿走你的图画书的时候，你是不是也很不开心呀？”

“还有其他小朋友要看这本书，所以我们看完后把它放回书架再回家吧。”

家长虽说是成年人，但终归是普通人，也会有情绪化、不知不觉就会训斥孩子的时候。这时，做做深呼吸，让自己冷静下来很重要。一旦意识到对孩子发火了，事后要向孩子道歉“对不起，刚才对你发火了”，给孩子一个温暖的拥抱。

重要的是，家长要倾听孩子的心声，站在孩子的角度告诉他们什么事情不该做，应该怎么做。

情绪易怒的人在与孩子接触之前，要确认一下自己的情绪是否平稳。当因家事、人际关系而焦躁不安时，放空大脑的思绪后再去面对孩子也是一种解决方法。

2

察觉他人的情绪

12 通过语言了解对方的情绪

走近儿童

无论是我们自己还是朋友，都有情绪。所以为了和朋友友好相处，只表达自己的情绪是不够的，意识到自己和他人有不同的情绪，并愿意去了解他人的情绪非常重要。关注、猜测朋友的情绪，关键要看对方的言语和动作。

1. 在朋友的生日派对上，你要向他说些什么？

2. 收到礼物的寿星小朋友应该说些什么呢？

练习 朋友会是什么心情呢？

❶ 今天是一位小朋友的生日。被邀请的一位小朋友很喜欢吃蛋糕，她非常期待参加这个生日派对。看到朋友的生日蛋糕后，她说了几句话。当她说出下面的话时，寿星小朋友会是什么心情呢？在下面把正确的答案圈出来吧。

① 哇！看起来好好吃呀！ ⇒ 开心 · 遗憾 · 其他（　　　　　）

② 大家一起分着吃吗？ ⇒ 开心 · 遗憾 · 其他（　　　　　）

③ 我超喜欢吃这个！ ⇒ 开心 · 遗憾 · 其他（　　　　　）

④ 啊？我还以为是巧克力味的蛋糕呢……

⇒ 开心 · 遗憾 · 其他（　　　　　）

⑤ 终于开吃啦！我要开动咯！ ⇒ 开心 · 遗憾 · 其他（　　　　　）

⑥ 过生日真开心啊！ ⇒ 开心 · 遗憾 · 其他（　　　　　）

❷ 你过生日时，听到什么话会开心，听到什么话会觉得遗憾呢？试着写一写吧。

会觉得开心的话

（　　　　　　　　　　）（　　　　　　　　　　）

会觉得遗憾的话

（　　　　　　　　　　）（　　　　　　　　　　）

小知识

在日常生活中，和朋友发生分歧是常有的事。比如，有个孩子想玩普乐路路，但另一个孩子却想玩乐高。我们要让孩子明白，不同人之间的情绪是不同的。因此，我们需要通过表情、动作、声音等线索，了解他人的情绪。

13 通过动作判断对方的情绪

走近儿童

除了语言，我们还可以从表情、动作等方面感受朋友的情绪。

有的人不能很好地用语言表达情绪时，可能会哭、会生气。如果有人注意到他的情绪，有好朋友陪伴他，便能让他安心。通过下面的游戏，找出了解朋友情绪的好时机吧。

1. 看到朋友有以下动作，试着组织语言，说说自己的想法。想一想，朋友做出这个动作想表达什么心情呢？
例如：搔着头 / 托着腮帮子

2. 同样的动作，其他朋友看到了可能会有不一样的感受。试着问问他们，为什么会有那种感受？

练习 手势游戏

❶ 让孩子选择一张场景卡，不能说话，只能通过手势动作来传达卡片上的场景信息。

规则　不能交流

例

例 ①
被妈妈训斥之后，哭鼻子了。

例 ②
有人买了我最喜欢的绘本送给我，非常开心。

例 ③
朋友抢走了我的玩具，很生气。

❷ 让其他人说说，看了这个人做这个手势有什么想法?

例：① 感觉有点儿难过。

② 会不会买给我呢?

③ 他们好像吵起来了。

❸ 参与游戏的人可以通过一些话语来推动游戏进行。比如，“猜中啦”“为什么这么说呢”“啊！差一点儿就猜中啦”等。

❹ 答案快被猜出来时，可以问表演者：“被妈妈骂了，所以哭了是吗？”，猜对的话，表演者双手比个大圆圈示意正确，则游戏结束。

小知识

- 哭泣、生气等一定是有原因的，有时出现这些情绪的原因无法用语言来表达。当然，也有人不愿意说出来。
- 在课堂上讨论问题时，手势游戏能让孩子们更客观地进行思考。老师也可以做表演者。

14 通过声音感知对方的情绪

走近儿童

心情不同，说话的声调也不一样。在不同场景具体感受一下吧。对方生气时是怎样的声调？当他开心、难过时呢？仔细聆听对方的声调，就能发现不同的情绪。与此同时，你会发现自己也和大家一样——情绪不同，声调就会不同。

在沙池里，你想跟小伙伴借把小铲子，但对方很坚决地说：“不行！”

1. 说“不行”的小朋友是什么感受？试着选一选吧。

难过	焦躁	开心	孤独

2. 想借小铲子的小朋友心情又如何呢？试着选一选吧。

难过	焦躁	开心	孤独

练习 从声调中思考

试着用不同的声调录“早上好！”这句话。录完后听一听，并想一想当时是什么情绪。

❶ 录音时注意加入情绪，比如生气、难过、开心等。

❷ 听录音后，大家自由交流感想。

比如：我感觉这个人在生气。

我感觉他是因为被谁批评了而不开心。

他到底怎么了？

❸ 试着挑战一下，听对方的声音来感受他的情绪。听完后一起讨论一下，如果对方跟你这样说话，你会是什么心情？

比如：对方说："你生气了？"

你建议："让语气柔和点儿，再说一次吧。刚刚听起来像是很生气的样子。"

小知识

- 声音能很好地体现出情绪和心情。所以在了解他人的情绪时，可以将声音作为一个切入点。
- 让孩子在各种场景中具体去感受，同一句话用不同的声调说出来，表现出来的情绪是不一样的。我们常说"听话听音"，但这对没有社会经验的孩子来说是很困难的。
- 从语言出发，慢慢到表情、动作，让孩子慢慢理解并找到体会情绪的各个关键点。

15 何为不良情绪

走近儿童

当负面情绪来临，我们可能无法用语言表达自己的内心感受、寻求帮助，甚至会出现大哭、拿其他物品撒气等情绪失控的行为。

这时，我们该怎么办呢？其实，直接向身边的人展示自己的情绪就可以了。让身边人注意到自己的负面情绪也是很重要的一件事。

相互做一下生气脸或哭脸吧。这会让你学会注意观察对方的情绪。认真想一想，朋友生气时、大哭时是什么样的表情呢？

1. 想一想，朋友生气时动作、表情都有什么特点？

2. 想一想，朋友伤心时动作、表情都有什么特点？

练习 生气脸、哭泣脸

❶ 一起来找“生气的小孩”吧。

① 看看朋友们生气时是什么样子？
谁看起来最生气呢？

② 生气时的表情是什么样的？
把眼睛瞪得大大的。
嘴巴噘得很高。
呼哧呼哧喘着气。
再试着做做更生气的表情吧。

③ 把游戏道具准备好，制作一个最生气的脸出来吧。

❷ 比一比，“难过冠军”是谁？

① 看朋友们哭泣的表情。
哭泣的表情是什么样的？
“呜呜喊着”“流泪”“低下头”……
尝试哭得再真一些吧。谁看起来最伤心呢？

② 选出“难过冠军”。

③ 可以怎样安慰一下这个“冠军”？
大家一起想一想，讨论一下，该说些什么才能让“难过冠军”高兴起来？

小知识

表达情绪的方法有很多种，具体方式因人而异，特别是负面情绪，人们会觉得在人前把它表现出来是一件不好的事情，因此会默默地强忍泪水，或者极力克制愤怒导致身体发抖。要让孩子明白，把不愉快的情绪表达出来并不是一件坏事，找到控制情绪和解决问题的方法才是最重要的。

16 人们的情绪各异

走近儿童

期待已久的运动会开始了。小朋友 A 非常喜欢跑步，在比赛中获得了第一名。他一边开心地笑着说“耶！我赢啦”，一边兴奋得在原地跳跃。

但在赛场的其他地方，也有不开心的小孩。向孩子们描述这个场景，并一起思考这些运动员的不同情绪。

1．拿到了比赛冠军，心情如何？在下面圈出来吧。

开心	难过	高兴	害羞
不甘	失望	太好啦	

2．输了比赛，心情如何？在下面圈出来吧。

开心	难过	高兴	害羞
不甘	失望	太好啦	

练习 同样的场景也会有不同的心情

想一想，下面的表情显示出朋友什么样的心情呢？试着连一连吧。

心情

结束后就能吃饭啦！

好想马上进入我拿手的竞技环节啊！

已经很认真跑了，但还是摔倒了。

我不擅长跑步，真烦啊！

那个人跑得好快呀！

小知识

同样的场景，不同孩子的感受不一样。特别是要分胜负时，就会同时存在因胜利而开心兴奋的孩子和因失败而伤心失落的孩子。无论哪种结果，感知当下的情绪都十分重要。在紧要关头，有满意的结果固然好，应该给予高度肯定。但如果没有得到预想的结果，也要多多鼓励。比如，我们可以赞扬他们的勇气，或者认可他们坚持到底的精神。

17 情绪有强弱之分

走近儿童

即便是生气，也各有不同。比如，大发脾气、闷闷不乐等。情绪是有强弱之分的。如果我们能关注到情绪的强弱，就能更好地找到与对方相处的方式。而此时，我们可以用数字表达情绪的强弱。

1．在上页图中，你觉得小朋友 A 有多焦躁呢？试着在温度计上用颜色表示出来吧。

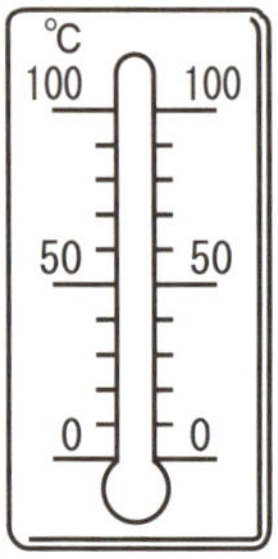

2．你觉得小朋友 B 有多焦躁呢？试着在温度计上用颜色表示出来吧。

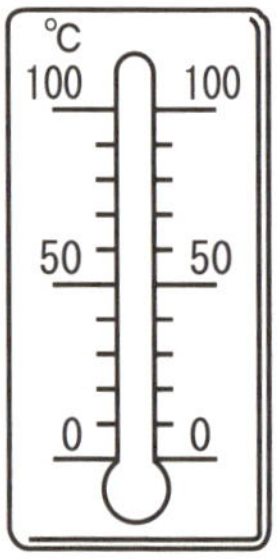

练习 情绪温度计

❶ 小朋友春夫早就想养一条小狗了。这天，春夫告诉你：“我在生日这天有了一条小狗哦！”

• 小朋友春夫此时心情如何呢？他情绪的强弱程度呢？

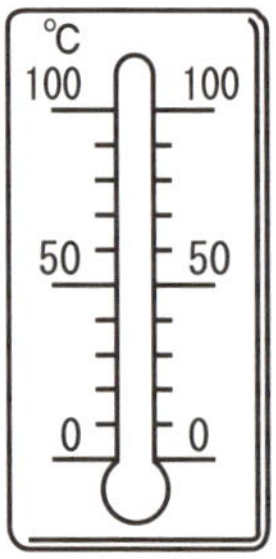

❷ 吃饭的时候小朋友明子不小心打翻了咖喱饭，盘子的碎片和咖喱弄得满地都是。

• 小朋友明子此时心情如何？
她的情绪强烈吗？

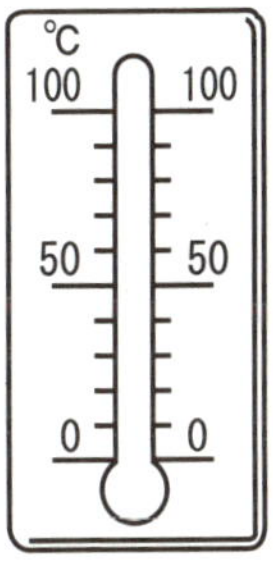

小知识

• 我们可以通过他人的表情和动作去推测情绪的强弱。在上面的练习中，观察图中人物的表情和动作，一起来锻炼观察情绪的能力吧。
• 不同的人感知到的情绪是不一样的。情绪没有绝对正确的答案。我们要牢牢记住这一点。
• 告诉孩子，最好在负面情绪扩大前就注意到它。

18 寻找朋友的优点

走近儿童

小朋友 A 和小朋友 B 是好朋友，但是有一天，在放学的路上他们吵架了。吵架过后，他们一言不发，各自回到了家中。两个人都闷闷不乐的。

虽然吵架过后会产生相互不满、生气等情绪，但随着时间推移，他们会开始想“也没什么吧”“唉，还是想和他做好朋友”等。他们会慢慢地思考起朋友的好处。

1. 昨天小朋友 A 的心情如何？试着圈出来吧。

最讨厌 B 了	好想和他和好啊
和别人玩算了	反正我没错

2. 今天小朋友 A 的心情如何？试着圈出来吧。

最讨厌 B 了	好想和他和好啊
和别人玩算了	其实他说得挺对的

练习 勇敢地向朋友表达心声吧！

人的情绪是不断变化的。当你和朋友之间发生了不愉快，并且意识到了这种情绪想要改变时，如何向对方传达自己的想法非常重要。这样既可以体现出双方对彼此的尊敬，还能加深彼此的信赖感。

1 为班上的每位朋友准备卡片，并各自准备一个小信箱。

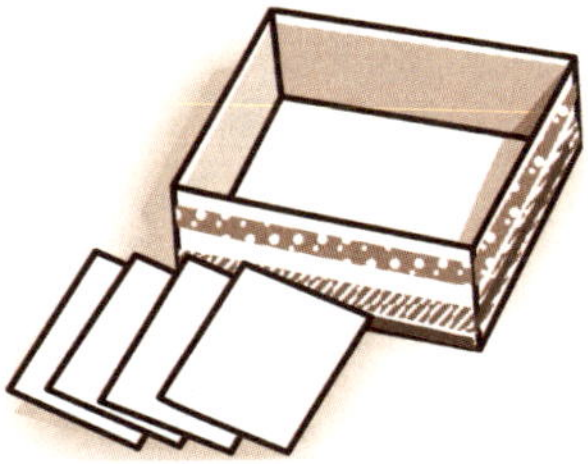

2 写下你平时对每一位朋友的感觉、想感谢朋友的话，以及他的优点等。

3 写完之后，将信放入朋友的信箱里。

4 大家都完成后，回到座位，打开自己的信箱，读朋友写给自己的信。

5 大家一起聊一聊读完信的感受吧。

小知识

- 为了让小朋友写出和朋友相处的场景，可以给他们举生活中的例子，再让他们开始写信。
- 有些话不好意思当面说出来，可以通过写信传达，也能让双方都受到鼓励。
- 这个活动可以让大家收到来自朋友温暖的鼓励，同时也可以提高他们的自我认同感。
- 这个活动不是让小朋友看看别人怎么评价自己，而是让他们思考：怎样才能和朋友相处得更好，怎样让朋友振作等，从而与身边人保持良好的关系。

19 当身边人需要帮助时

走近儿童

放学后，小朋友 A 和妈妈一起坐公交车去看牙医。上车时车上还有空座，所以小朋友 A 和妈妈可以坐着。后来，公交车里的人逐渐变多。公交车行驶到第三站的时候，有一个拄着拐杖的叔叔上了车，他环视四周，寻找着空位。

1. 拄着拐杖的叔叔此时是什么样的心情呢？猜一猜，并在下面圈出来。

脚好痛啊	车子太晃了	有位置坐就好了

2. 小朋友 A 此时是什么样的心情呢？猜一猜，并在下面圈出来。

我先来的，就这样吧，不用让了。	有人给他让座就好了……
拄着拐杖很不方便，我还是让个座位吧。	

练习 传话游戏

观察他人的动作，想象一下他的处境。再仔细想一想，如果你在实际生活中遇到了这样的场景，自己应该怎样应对呢？

1 4~5 人组成一个小队。各队依次排开坐下，顺序由组内成员自行讨论决定。除了带头的 1 人，其他人依次以和带头人相反的方向坐在地上。

❷ 坐在最前面的那个人到主持人那里看题目（看看是什么场景）。

题目举例——

箱子太重了拿不动；走路的时候摔倒了；肚子疼；写错字了；吃饭的时候把碗打翻了。

❸ 带头的小朋友看完题目后回到各自的队伍里，拍一下第二个小朋友的肩膀。

❹ 第一个小朋友只能用身体动作去展示题目中的场景，不能发出任何声音。动作可反复演示。

❺ 第二个小朋友觉得自己看懂之后，再去拍第三个小朋友的肩膀。

❻ 以此类推，直到将场景信息传达给最后一个小朋友。最后一个小朋友针对题目中的场景把应对措施告诉第一个小朋友。然后，大家一起来讨论，最后一个小朋友所做出的反应是否正确？

小知识

- 在公共场所，我们常常看到老弱病残的身影，如果没有人让座，他们会比较吃力。即使他们没有主动请求别人让出座位，我们也应该让孩子知道，这些人行动不太方便，要多帮助他们，主动让出座位。
- 第一次和不认识的人搭话，或者伸出援手时，可能会感到不好意思。我们可以鼓励孩子，让他鼓起勇气，也让他知道自己是可以帮助他人、对社会有用的人。

20 走近朋友的情绪

走近儿童

和好朋友吵架时，我们会伤心难过、不知所措。这时，朋友温暖的鼓励和安慰会让我们心情变好，让我们的情绪再次变得积极。

1. 和朋友吵架了，你的心情会发生怎样的变化？

伤心难过	担心能否和好
无法原谅朋友	不想再见到对方

2. 什么样的话语会鼓励你呢？

比如：“吵架后你的心情很不好吧？”

“你会想他为什么那样说，对吧？”

“我随时可以倾听你的烦恼。”

练习 这时说什么好呢？

❶ 准备一些卡片，写上人物的表情和场景。比如：伤心、害羞、生气、困惑、开心。

❷ 选择其中一张卡片。想一想说什么才能安慰卡片上的人物，并和大家说一说。

❸ 大家想一想，刚才所说的那些话，用来安慰哪一张卡片上的人物最恰当呢？

和朋友吵架了

运动会赛跑时摔倒了

被人说坏话了

遇到不会做的算术题了

收到了圣诞礼物

小知识

- 想安慰别人，首先要知道对方的心情。了解对方的心情时，不仅可以通过语言，还可以通过对方的表情、动作等去观察。
- 日常生活中大人如何处理情绪，会直接影响到孩子相应的经验和能力。通过和大人相处，孩子会懂得如何与朋友相处。比如：吵架的时候，我们不应该对孩子说结论性的语言，“我们和好吧”这种结论性的话语，而应该试着说“我很担心我们能不能和好”，要把说话的焦点放在情绪上。

21 深化友情的话语

走近儿童

在自己擅长的事情或者正在努力做的事情上，如果能得到朋友和家人的表扬和鼓励，我们的心情就会变得更好。用语言对他人表示认可，双方的关系也会变得更好。

1. 让小朋友写一写自己的长处或者正在努力做的事情。

2. 想一想，如果在这些事情上你得到了鼓励和表扬，你的心情会变得如何呢？

开心	开始喜欢对方	松了一口气	害羞
感觉有人懂自己	动力满满，想更加努力		

练习1 积累表扬的词语

试着写一写自己读到、听到的一些比较好的表示赞扬的话语吧。

表示赞扬的话语有哪些？
有人这样对我说，我会很高兴的话语。

好厉害！	做得很好！	太棒了！
你很努力地做这件事了！	我也好想做到像你这样啊！	

练习2 夸夸朋友吧！

1. 在卡片空白的地方写上自己的名字，或者正在做的事情。
2. 鼓励孩子多写一些卡片，交给朋友。
3. 自己收到卡片的时候是怎样的心情呢？把心情写下来，给朋友看看吧。

小知识

- 表扬朋友时要亲切友善。比如：我们可以微笑着说、看着对方的眼睛说、用明快的声调和对方说，这样我们就能相互构建起一种温暖而充实的积极关系。
- 在这里需要注意的是，表扬这件事情是属于和对方的积极沟通。积极沟通和负面沟通是不一样的。被朋友表扬时，我们会感到开心、感到高兴，这属于积极的沟通；当我们被朋友指责的时候，我们会感到难过、心情会变得很差，这就属于负面沟通。我们要通过两种不同的情绪比较，教会孩子这两种情绪沟通方式的不同。

专栏 2

读书与情绪

绘本里会出现各种人际交往以及震撼内心的故事。读书可以丰富孩子的词汇、语言表达能力，因此，通过亲子伴读或独立阅读，孩子可以逐渐学会调节、表达自己的情绪。在学会表达后，孩子可以用语言整理、表达出自己的内心想法。慢慢地，他就学会梳理情绪波动的原因、思考应对方法了。

和歌诗人穗村弘曾讲过这样一件趣事。据说他曾对走楼梯时发出很大脚步声的女性很反感。但是，他的朋友告诉他，那是因为女性穿的凉拖的构造而发出的声音，对此也无能为力，所以她们被称作“响板女孩”。听朋友这么一说，他感觉女性踏出的脚步声似乎也很有趣。像这样接触一个新造的词语就改变了心情。为了让更多的语言、感情在孩子的内心里生根发芽，我建议家长多给孩子提供接触绘本和其他图书的机会。

多读故事也很重要。日本作家赤川次郎在《想象力》一书中说过：阅读是人生的预防针。通过阅读会接触到各种各样的故事，即使是从未体验过的事情，当这些事情在现实生活中发生时，你已经对它产生“免疫”，也就能够接受了。据说，赤川在失恋时，体会到了与小说中所描写的完全相同的感受。他通过读书提前进行“演习”，即使失恋了也能够保持冷静，甚至能够感受小说里情感描写的魅力。

睡前，家长要给孩子们讲故事，这不仅是为了让孩子们安然入睡，也是为了让他们在内心里对多种多样的人生产生“免疫”，而且这种免疫不会像打预防针那么疼痛。

3

调节自身的情绪

我鞋子怎么这样了！
烦躁
是我讨厌的豌豆！
烦躁
烦躁
对不起！没事吧？
哈哈 哈哈
他要笑到什么时候啊！
哈哈
哈哈
鬼故事有这么可怕吗？
哇啊——

22 为何需要调节情绪

走近儿童

激动的情绪会放大一个人的行为与反应。表现出快乐的情绪时，身边人也会受到感染，感到高兴。但如果快乐的情绪持续太久，就有可能会让身边的人感到不愉快。快乐、不满、愤怒、恐惧等情绪持续太久时，你与身边人的分歧会增多，慢慢地可能出现被朋友排斥、老师无法理解自己等情况。

此时，你是怎样的心情呢？试着圈出来吧。

如果没有符合你心情的选项，可以在括号里写出来。

• 非常高兴的时候——

声音变大	笑得停不下来	晃动身体	（　　　　）

• 非常焦躁的时候——

大骂一通	摔打东西	打人	（　　　　）

• 非常害怕的时候——

放声大哭	逃离现场	压力山大	（　　　　）

练习　“朋友这样做，你会怎么想”大调查

如果你的朋友有下表中所示的行为，你会有什么感觉？试着圈出来吧。

1	老师点名时没点到他，他就用铅笔敲打桌子。 （不想和他玩了、讨厌他、并不在意、挺好的）
2	考试得了满分，他在教室里兴奋地唱着歌跳来跳去。 （不想和他玩了、讨厌他、并不在意、挺好的）

续表

3	打牌输了，他就把扑克牌扔掉。 （不想和他玩了、讨厌他、并不在意、挺好的）
4	看牙医时，隔壁的小孩哭个不停。 （不想和他玩了、讨厌他、 并不在意、挺好的） 
5	不小心在拥挤的地方撞到他，他就给我一拳。 （不想和他玩了、讨厌他、并不在意、挺好的）

★你会怎么选呢？期待你的结果！

小知识

- 调查项目以孩子的生活为基础，也可以加入其他符合实际情况的内容，以此来激发孩子的自我意识。同时，家长也可以了解孩子对情绪的理解。
- 如果调查项目会让孩子联想到特定的个人或最近的特定事件，就有可能使孩子的自我认同感降低。应选择常见的场景作为调查项目，并适当改编。
- 一些难以调整情绪的孩子不认为自己的情绪会给他人带来困扰。我们要让他们知道身边人的看法，让他们意识到情绪是需要调整的。

23 驱散生活中的焦躁不安

走近儿童

人的内心就像一个杯子，里面装着我们的情感。每个人的“杯子”大小不一，大大的愤怒和小小的焦虑都可以把这个“杯子”填满。

在以下场景中，你的心情会有多焦躁？试着圈出来吧。

• 今天行李太多，走到学校很费劲。

非常焦躁 —— 有点儿焦躁 —— 不觉得焦躁

• 排队荡秋千的时候，有人插队了。

非常焦躁 —— 有点儿焦躁 —— 不觉得焦躁

• 吃饭的时候，自己很喜欢的汤分到的比旁边的同学少。

非常焦躁 —— 有点儿焦躁 —— 不觉得焦躁

练习 焦躁情绪杯

❶ 以下 10 个场景会使你焦躁吗？如果会，就把纸团成一团，扔进杯子里吧。

① 想早起玩游戏，但是睡过头了。
② 被小石头绊住了脚，差点摔倒。
③ 早自习的时候，发给自己的草稿纸边缘破损了。
④ 语文课上朗读的时候读错了，被朋友笑话。
⑤ 体育课上列队整理队伍的时候，不小心踩到了前面人的脚。
⑥ 吃饭的时候吃的不是自己喜欢的食物。
⑦ 玩躲避球的时候，明明已经打到朋友，可是对方却没有出局。
⑧ 询问朋友“今天能不能一起玩儿”，被朋友拒绝了。
⑨ 妈妈老是问我作业做完了没有。
⑩ 弟弟抢走了我的玩具。

＊用透明杯子装纸团可以
看到有多少纸团。

❷ 纸团太满的话，别强行压下去。把原有纸团倒出来，再继续做游戏吧。

通过这个游戏，孩子可以意识到，每个纸团可能很小，但积累起来时，杯子很快就会装满。在达到“满杯状态”前，虽然控制怒气的增长很困难，但通过将纸团一个一个地移出杯子，就可以逐渐平复负面情绪。

小知识

- 对于同样的事情，有些人会感到焦虑，有些人则不会。
- 我们应告诉孩子，在强烈的焦躁情绪爆发前及时处理轻微的焦躁情绪很重要。
- 降低情绪大爆发的概率，有助丁孩了从容应对情绪的爆发。

24 消除焦躁不安的技巧

走近儿童

谁都会有焦躁、发怒的情绪，发怒本身并不是问题。“易怒”的孩子大多精力充沛，有强烈的正义感。问题在于，他们会用让身边人反感和讨厌的方式来发泄自己的愤怒。

1. 你在什么时候会感觉焦躁、发怒？

2. 焦躁、发怒时身体会有什么变化？试着圈出来吧。没有适合自己的词语时，可以在括号里写出来。

（表情用力）（身体发热）（全身出汗）（手脚发抖）（激动兴奋）

（肚子疼）（身体失衡）（声音变大）（殴打他人）（　　　）

3. 这样的反应会让你感到困扰吗？

4. 你觉得怎样才能控制好自己的焦躁情绪呢？

练习 让“石头剪刀布”赶走焦躁吧！

❶ 全体人员分成两队，在规划好的范围或路线上进行练习。听到“咚”的时候，就玩“石头剪刀布”游戏。

❷ 玩“石头剪刀布”游戏胜出的那一方，可以抽出一张卡片，在卡片上写下焦躁的强度，以及应对的方法。

大——做 10 次松拳和握拳来放松
中——嘟嘟囔囔
从“气死我了！”“真讨厌！”“啊！！！”三个选项中选一个说出来
小——深呼吸

❸ 输的人看对方的动作后做出“OK”的手势。

❹ 赢的人可以前进一步，输的队伍需派出一名新成员参加。

❺ 谁先到达对方的阵营，谁就能得分。

小知识

- 愤怒时身体的能量很高。因此，让孩子通过身体活动消耗能量是很有帮助的，如跳跃、用力做表情或其他消耗能量的动作。
- 孩子们会在生活中发牢骚，无论是在家庭中还是在学校里都时有发生。我们应该让孩子意识到发牢骚对自己、对身边的人都是一种不好的行为。
- 熟悉这个游戏后，小朋友可以自行决定焦躁的“大”“中”“小”程度，并给出解决方案。

25 如何控制情绪波动

走近儿童

有些孩子在正式场合或重要考试时会很紧张。适当的紧张有助于超常发挥，但过于紧张则会使人失去理智，容易发挥失常。此时，放松是最有效的。

以下场景中，你会感觉紧张吗？在下面的具体场景中选出自己可能出现的情况吧，不限个数。

① 即将轮到自己朗读。

(　　　　　　　　　　　　　　　　　　　　　)

② 今天运动会赛跑能跑第几呢？

(　　　　　　　　　　　　　　　　　　　　　)

③ 自己一个人坐公交车去一个从没去过的地方。

(　　　　　　　　　　　　　　　　　　　　　)

[1 兴奋激动　2 开始抖腿　3 不停出汗　4 喉咙干渴
5 想上厕所　6 肚子疼　7 没有变化]

练习1 缓解紧张的小妙招

想一想，练一练。

想想自己擅长的事。

想象身边人都变成了蔬菜。

练习2 身体训练

适当地运动、做体操都可以让人放松，什么样的运动都可以，快试试吧。

1. 用力皱起额头和鼻子，持续 4 秒后放松。
2. 努力将肩膀靠近耳朵，持续 4 秒后放松。
3. 两只手分别紧握，持续 4 秒后放松。
4. 用力伸展脚趾，持续 4 秒后放松。
5. 深呼吸（5 秒吸气，然后屏气 5 秒、吐气 8 秒）。

小知识

- 处于焦虑状态时，也会消耗能量。所以，原本用于完成任务的能量因焦虑而消耗了。
- 在心中暗示“我一直做得很好”，并想象“成功后的欣喜”，就能减少焦虑，发挥自己的实力。

26 应对极度惊恐的“魔法”

走近儿童

害怕是人的本能，它可以帮助我们避免危险，将灾难扼杀在摇篮里。谨慎固然重要，但我们总有想尝试的时候，这时，掌握驱散紧张情绪的方法至关重要。

1. 你害怕什么呢？把害怕的事情圈出，如果还有其他害怕的事情，可以填入括号中。

□妖怪　□牙医　□初次做的事　□从未去过的地方

□虫子　□黑暗　□打针　□

□跳山羊的地方　□水溅到脸上　□丢了东西，找老师……

□卷子批下来时　□自己一个人值日

□（　　　　）　□（　　　　）

2. 圈出来的事情中，哪些事情是无论如何也想试一试的？给它们再画上一个圆圈吧。

练习1 恐惧的程度

把害怕的事情列出来。害怕程度共分为五个等级——五级是非常害怕、四级是很害怕、三级是害怕、二级是有点儿害怕、一级是不太害怕。

害怕的事

（　　　　）级别（　　）

（　　　　）级别（　　）

（　　　　）级别（　　）

（　　　　）级别（　　）

（　　　　）级别（　　）

练习2 属于自己的“驱魔咒语”

发生可怕的事情时，采取行动很重要，比如逃跑和呼救。思考一下，当一级恐怖和二级恐怖的事情发生时，你有哪些让自己不害怕的好办法呢？

可以找一首喜欢的歌曲或一个动画人物来获得勇气。可以将想到的能让自己变勇敢的事物写在一张纸上，感到害怕时，就拿出来看一看。

小知识

- 每个人都有害怕的事物。有的孩子觉得害怕就是胆小的表现，对此会感到自卑。我们应告诉孩子，害怕并不是一件坏事，因为恐惧可以让我们保护自己。
- 理解并回应孩子的恐惧，而不是让他们默默忍受。

27 歉意在心口难开

走近儿童

有时想道歉，但又担心对方生气或没有把握好时机，就没有道歉。如果没有及时道歉的话，就会总想着自己做了坏事却没有给对方道歉，心里一直会有个“疙瘩”。

1. 朋友弄坏了你的作品，向你道歉时，你会有什么感受呢？选一选，将序号填入下面的括号里。如果没有合适的选项，就将想法写在括号里。

（　　　　　　　　　　　　　　　　　　　　　　　　　　）

2. 要是自己弄坏了朋友的作品，向朋友道歉，会发生什么呢？

（　　　　　　　　　　　　　　　　　　　　　　　　　　）

[1 太好了　2 觉得不用说出来太棒了　3 害怕对方发火
4 松了一口气　5 觉得对方会原谅自己]

练习　模拟道歉场景

1 观察大人的道歉场景。

Ⓐ 不及时道歉，拖到第二天，闷闷不乐。

Ⓑ 犯了错误立即向对方道歉，听对方说“没关系”后，心情舒畅了很多。

❷ 回想自己的经历，把你想到的道歉用语写在纸上。

❸ 试着在心里演练一下，并说出这句话。

❹ 找个人一起做对话练习。

❺ 找个人一起做角色扮演，模拟道歉场景。

❻ 相互交流角色扮演的感想。

★下决心道歉后，心情有什么变化？

对于孩子来说，具体练习时可以跳过③和④，或者在做练习⑤之前用一个毛绒玩具作为对象。家长给孩子讲述自己向别人道歉的经历，这有助于孩子认识到，每个人都会犯错，关键是犯错之后的表现。

小知识

- 孩子不肯道歉的原因很多，可能是因为他们认为即使道了歉，对方也会因为愤怒而对自己加以指责。所以无论结果如何，我们都应该对孩子鼓起勇气去道歉的行为加以肯定。我们可以说：“你把内心的想法说出来了，真棒！”
- 可以在班级里定下一句格言，“如果立刻道歉，我们还是好朋友”，并在教室里张贴格言，进行竞赛。
- 平时不爱说话、内向的孩子，让他跟小伙伴面对面道歉容易紧张，我们可以建议他写信道歉。
- 家长可以给孩子一些鼓励，将道歉经验传授给孩子，让他们觉得自己也能做到。

28 学会忍耐

走近儿童

谁都有感觉忍受不了的时候。事实上，当我们觉得自己忍不了时，也许已经在忍耐了。试想一下自己忍耐某件事的样子。应该如何忍耐呢？

如果你经历过下面的事情，就在前面的括号里画一个圆圈吧。

（　　）陪朋友玩了他 / 她想玩的游戏。

（　　）想荡秋千，但有其他小朋友在玩，所以你需要排队等待。

（　　）想问问题，但还是等到老师说完后再问。

（　　）虽然很想看电视，但还是选择先写作业。

（　　）和妹妹想看的电视节目不一样，但还是让她看她想看的节目。

（　　）想聊天，但因为在图书馆里，还是保持了安静。

（　　）三种点心都想尝尝，但还是只选了其中一种。

上述测试可以让孩子注意到平时自己都忍耐了哪些事情，选项内容可根据孩子自身的情况做出调整。

练习 游戏兴趣度测试

❶ 想一想，和朋友玩的时候，你都想玩些什么呢？

游戏①（　　　　　　　　　　　　）

游戏②（　　　　　　　　　　　　）

游戏③（　　　　　　　　　　　　）

❷ 下面三个游戏，你想玩的兴趣分别有多大？在饼状图里用颜色区分出来吧。

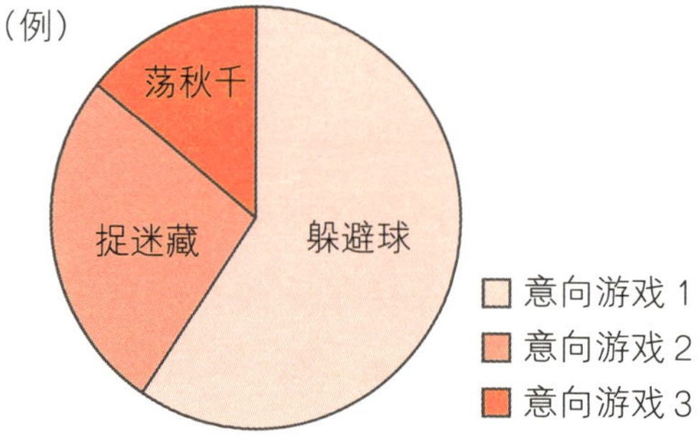

❸ 尝试向对方表达自己的意愿。

大家同意玩游戏 ① → 向朋友说：“谢谢你们愿意和我一起玩这个游戏！”

大家同意玩游戏 ② → 和朋友商量：“那明天玩我想玩的那个游戏吧！”

大家同意玩游戏 ③ → 对朋友说：“我玩啥都行，我可是游戏小达人！”

家长提供游戏选项，也可以用“选择今天的点心”的方式作为奖励，让孩子在不产生反感的同时体验忍耐，并意识到忍耐是件好事。

小知识

- 如果一味告诉孩子“忍耐一下吧”，孩子可能没办法明白自己为什么非忍不可，或者导致他认定忍耐是件讨厌、痛苦的事。
- 还有一种游戏规则，就是让孩子忍住想做的事，每忍住一件事可以积 1 分。之后，有多少积分就可以做多少件想做的事情。这种规则能够增加孩子的信心，使他们为了获得奖励而努力。

29 重塑看问题的方式

走近儿童

任何人都有不擅长的事和自卑心理，但是总沉浸在这种消极的情绪里，总是纠结烦心的事情，心情只会越来越糟糕。用另一种方式看待自己不擅长的事，把它们转化成自己的优势和长处。这种改变看法结构的过程叫作“重塑”。

以下情绪可以用右边的哪一项进行认知重塑呢？试着选一选吧。

易怒	认真思考
多动	活力满满
犹豫	喜欢正面的事物
散漫	兴趣广泛
聒噪	大方宽容
任性	能感知危险
胆小	拥有自我意识

练习 大变身！所忧即所长

❶ 什么事情会让你觉得在意或应对不了？这样的感觉都在什么时候出现呢？

〈不擅长的事〉

〈发生的时间〉

❷ 请朋友帮你进行重塑吧。

需要准备：① “不擅长”卡片（自己用）
② “对策”卡片（朋友用） ＊②可以写在①的背面。
③ 大家的话语卡片（自己用）

①试着在卡片上写下自己在意的或不擅长的事。

②请朋友帮你把不擅长的事转化成优势和长处。

③把朋友给你出的对策记下来。

试着把自己不擅长的或在意的事情转换成好事和长处。在小组内交换卡片，大家一起来交流。

小知识

如果学会了情绪重塑，孩子就可以更加从容地与他人相处。同时，家长也能发现并提升孩子的优势。

30 培养情绪恢复力

走近儿童

当事情进展不顺时，我们会是什么心情呢？是觉得已经无法坚持了，然后放弃？还是会陷入可能再次失败的不安？又或者把责任归咎于别人？

遭遇挫折后使人重新振作的能力，被称为情绪恢复力（情绪缓冲力）。接下来，让我们一起学习如何培养孩子的情绪恢复力吧。

有没有什么神奇的语言能使情绪变得积极呢？如果是你，你会使用什么样的语言呢？

- Don't mind！别在意，别在意！
- 没关系，没关系！
- 嗨，算了。
- 总会有办法的！
- 下回要更努力！
- 好！那就试试看吧！
- 是个好机会呀！
- 一切都会顺利起来的。
- 其他……

练习 发掘自己的优势

仔细想想，自己有哪些优点？什么事情做得很棒？试着填一填，完成下面的四叶草图。

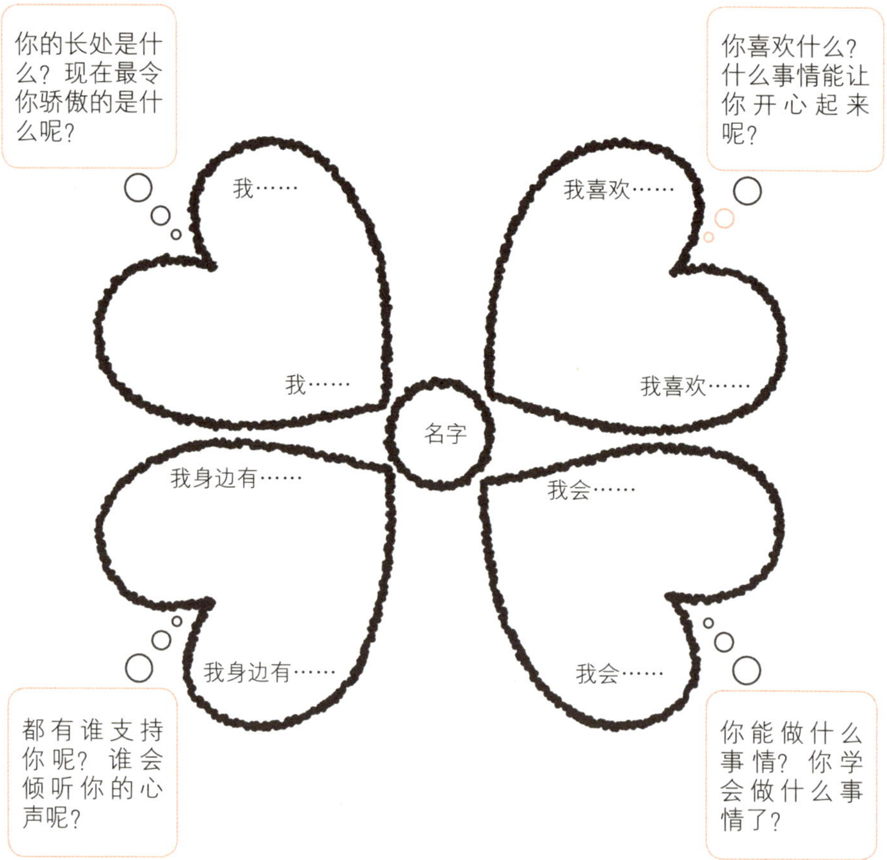

小知识

- 为了提高孩子的情绪恢复力，家长应该亲近孩子并时常协助、帮助他。和其他人一起完成一件事情的体验越多，孩子的自信和能动性就会越强。所以，在孩子完成一件事情的时候应发自内心地鼓励他。
- 俗话说得好，“失败是成功之母”。孩子失败的时候，不要责怪他，而是和他一起寻找成功的方法。
- 我们可以鼓励孩子，告诉他们一切都会顺利的，按自己的方式去尝试吧。

31 明确情绪与行为的关系

走近儿童

开心、高兴、难过、担心时，你会做什么？情绪与行动是紧密相关的，语言与情绪也一样。

以下情况中，你会是什么样的心情？又会做出怎样的举动？试着连一连吧。

场景	心情	行为
吃到了喜欢吃的食物	后悔不已	大喊大叫
打扑克牌输了	伤心难过	无精打采，耷拉着头
吵架时	焦躁难耐	欢呼万岁
在会上发言时	激动不安	深呼吸
跳绳跳得不错时	满足	哭泣
和朋友玩得很开心时	倍感开心	扔东西
	十分愉快	叹气
	担忧不已	笑
		连蹦带跳
		拍手

练习 怎样表达不同的情绪？

遇到下面四种情况时你会说什么呢？参考下面给出的选项填一填吧。

- 朋友来叫你出去玩时（①正在思考时　②心情愉悦时）

①

②

• 妈妈叫你帮忙时（③吃完点心时　④正在写作业时）

③

④

选项

不要　　不，我不干　　烦死啦　　现在有点儿忙，等一会儿

谢谢你邀请我　　噢，好的　　OK　　知道了

我一会儿去做　　好，马上来

小知识

- 情绪与行为是相互关联的，改变行为方式后情绪也可能随之改变。没有干劲儿的时候，下定决心迈出第一步后或许可以让自己迸发活力。
- 孩子会在行为举止中透露自己想说、想做的事，家长可以通过这方面的观察，猜测孩子现在的心情。

32 寻找恢复精气神的办法

走近儿童

我们有时会和好朋友吵架，会被爸爸妈妈批评，心情会因此陷入低谷。

如果不懂得转换心情，很有可能一直低落下去。接下来，就让我们一起看看如何依靠自己的力量，让自己变得积极吧。

什么时候心情会变得很不好呢？

在符合自己情绪的选项上画圈。

① 和朋友吵架时

（完全不失落　有点儿失落　非常失落）

② 被父母或老师批评时

（完全不失落　有点儿失落　非常失落）

③ 东西丢失时

（完全不失落　有点儿失落　非常失落）

④ 运动、学习不顺利或出错时

（完全不失落　有点儿失落　非常失落）

⑤ 失败时

（完全不失落　有点儿失落　非常失落）

练习　踏上寻找“快乐魔法”的旅途

找出能让你精神一振的事物。

元气之语

元气游戏（活动）

元气食物

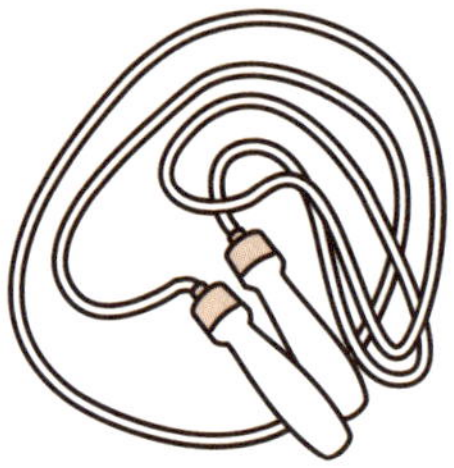

元气之歌

元气物件或元气之书

小知识

通过这个练习，我们可以让孩子知道，如果提前了解自己在什么场景下容易伤心失意，并准备多种元气物品，就不会陷入沮丧，能更快地恢复正常情绪。

33 品尝美食

走近儿童

日常生活中，我们常常会忙碌地追赶时间，或者附和他人，说一些场面话，却忽略了自己的感受。心理疗法“正念”教人们坦然地接受自己当下的情绪和心情。接纳真实的自己可以减轻压力、放松心情。

1. 喜欢吃什么？为什么？

喜欢的食物清单　　　　　　　　　理由

(　　　　　　　　　　　　)　(　　　　　　　　　　　　)

2. 什么味道？

(　　　　　　　　　　　　)

3. 有什么气味？

(没啥气味　　有点儿　　气味很重)

4. 吃起来什么感觉？

(酥酥脆脆　　松软热乎　　蓬松绵柔　　鲜嫩多汁

入口爽滑　　软糯弹牙)

5. 为什么喜欢这种食物？

(味道　　气味　　颜色　　形状　　口感　　各方面都喜欢)

练习1 观察食物

① 这种食物外观如何？

什么颜色？表面光滑吗？还是凹凸不平呢？从不同的角度看外形都一样吗？

② 这种食物有什么气味吗？

③ 这种食物口感如何？

练习2 用耳、鼻、舌去感受

把这种食物放入口中，闭上眼睛，用舌头搅拌品尝、用牙齿咀嚼，然后听它发出的声音，细细品尝它的味道。

① 从入口到咽下的过程是怎样的？是用哪部分牙齿咀嚼？食物经咀嚼后形状发生了怎样的变化？

② 什么味道？甜的？咸的？味道醇厚还是清淡？

③ 拒绝吃这种食物时，说话的声调是什么样的？

④ 你的心情有什么变化？

小知识

- 此游戏的目的在于通过品尝食物的味道，让孩子们感知幸福。
- 即使是吃同样的食物，不同的人感受到的情绪也是不一样的。尤其是口味挑剔的孩子，他们的嗅觉和味觉敏感，所以容易产生不愉快的感觉。我们应该理解个人对饮食口味不同的感受。

34 注意周围的声音

走近儿童

身处于声音众多的环境中，试着用耳朵去辨别不同的声音。当你听到这些声音的时候，是感觉兴奋激动还是轻松舒畅呢？倾听日常生活中的声音，可以意识到自己生活在美妙声音的海洋中。

听一听，你身边都有什么样的声音呢？在你喜欢的声音上画圈。如果下面没有你喜欢的声音，可以把它填在方框里。

钢琴声	流水声	欢笑声
鸟叫声	电车声	狗叫声
汽车声	雨声	风声

练习1 侧耳倾听

❶ 找一个安全的地方，闭上眼睛，把听到的声音填在下面，并圈出你最喜欢的一种声音。

(　　　　) (　　　　) (　　　　) (　　　　)

(　　　　) (　　　　) (　　　　) (　　　　)

❷ 想一想，圈出来的声音有什么特点呢？

- 听到这种声音你有多愉快呢？用涂色的方法来表示吧。

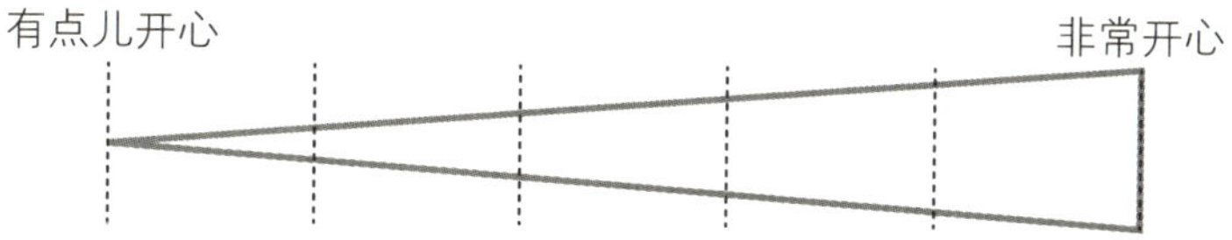

- 听到这种声音你感到舒适吗？用涂色的方法来表示舒适度吧。

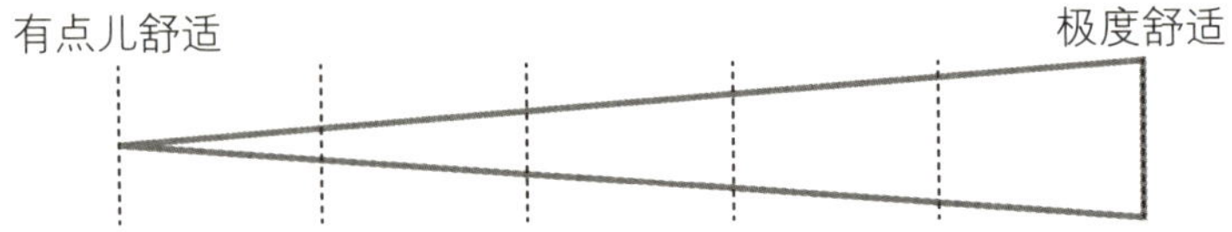

练习2 声音卡片

- 看着这些声音卡片，你的心情是怎样的呢？试着写一写吧。写不出来的时候，可以从下面的心情卡片里选择。

激动兴奋	暖流涌动	紧张不安	游刃有余
提心吊胆	暗自高兴	暗暗郁闷	笑眯眯
抽噎哭泣	兴高采烈		

小知识

- 了解声音的魅力。
- 当我们意识到声音的种类纷繁多样后，应当引导孩子找到让自己舒适安心、开心兴奋的声音。

35 做个深呼吸

走近儿童

呼吸是一种下意识的行为，速度会随着身体状况和情绪的变化而变化。深呼吸能让心脏放松、大脑清醒。下面让我们一起来练习一下吧。

呼吸知识小测试

1. 人一分钟内大概会呼吸几次？

A. 大约 10 次　　B. 大约 20 次　　C. 大约 60 次

2. 一次呼吸能吸入多少空气？

A. 一缸洗澡水的量（大概 180 升）

B. 一杯水的量（大概 300 毫升）

C. 一瓶水的量（大概 500 毫升）

3. 什么时候呼吸次数最多？

A. 运动时　　B. 平时　　C. 睡觉时

4. 生气或焦躁时，呼吸会如何变化？

A. 变缓　　B. 没有变化　　C. 加快

测试答案：1. B　2. C（小孩的吸气量约等于一杯水的量。）　3. A　4. C

练习1 观察呼吸

呼吸是看不见的。我们需要借助物品来观察呼吸。

往装有水的杯子里吹气时，水会咕噜咕噜往上冒泡泡。

向纸袋子里吹气、吸气。随着呼吸，纸袋会胀起来又瘪下去。

练习2 腹式呼吸

用气球练习深呼吸。熟悉之后可以不用气球，把手放在肚子上，感受肚子随呼吸鼓起和收缩。

❶ 肚子瘪下去时，气球就胀起来了。

❷ 鼓起肚子，用鼻子吸气。

❸ 再试一次。感受肚子瘪下去的同时气球鼓起来的过程。

小知识

- 要让孩子明白，无须在意呼吸的长度和深度，把意识放在自己肚子的鼓起和收缩上，平稳的呼吸有助于舒缓心情。
- 告诉孩子，在遇到不喜欢的事情或者情绪低落时，平缓的呼吸可以帮助他有效减缓焦虑的情绪。

36 通过触觉稳定情绪

走近儿童

在感到伤心、焦躁的时候，有没有感觉到情绪的波动呢？我们一起来练习一下怎样摆脱这种不好的情绪吧！触感多种多样，令人愉悦的触感可以舒缓情绪。

触摸各种物品时，你的情绪是怎样的？试着触摸身边的物品，并把你的感受写在括号里吧。

• 桌子（如：硬邦邦、凹凸不平）

（ ）

• 橡皮擦（如：有弹性、松松软软）

（ ）

• 自己的脸（如：暖暖的、滑滑的）

（ ）

练习1 试着触摸更多物品

认真触摸你平时使用的物品，体会它的触感。

在下面的表格中写出你所触摸的物品，以及你触摸之后的感受。如果出现了让你很舒服的触感，在“喜爱”一栏给它打上一个星号吧。

	物品	触感	喜爱
例	毛巾	柔软、舒适	☆
①			
②			
③			

续表

④			
⑤			

练习2 喜爱的触感

触摸喜欢的东西时，心情如何？注意观察情绪的变化。

触摸前的心情

一般　幸福　心情好　安心

其他（　　　　　　　　）

触摸后的心情

一般　幸福　心情好　安心

其他（　　　　　　　　）

小知识

- 集中注意力体会触感的时候，焦躁、难过的负面情绪会暂时远离我们。
- 触摸标记过“☆”的事物可以缓解负面情绪，带来积极正面的情绪。
- 我们应该让孩子注意身边都有哪些事物能带来正面的情绪力量。

37 动一动，放松一下

走近儿童

想活动身体，但没有运动器具的时候，我们可以试试跳空气绳。虽说单脚跳、双脚跳是常做的动作，但跳空气绳会有一种不同寻常的感觉，能使人愉悦。

■空气绳的跳法

① 先从双脚跳开始。听到“1，2，3，开始”后跳 10 次。

② 接下来右脚单腿跳 10 次。

③ 换左脚。左脚单腿跳 10 次。

④ 左右脚交替跳 10 次。

跳完空气绳，感觉如何?

比如：“超开心！”“好累啊！”“有点儿喘不上气！”

练习 放松身体，从轻度运动开始

跟着音乐一起做出弹钢琴或弹吉他的动作；或者模仿保龄球瓶一起倒下；又或者假装在做饭……这些运动不需器材、也不需要事后整理，随时随地都能轻松地从中获得快乐。

❶ 大家一起跳大绳。排成一列，听到“预备—开始”后，大家一起完成想跳的数量。

❷ 跳够数量后，可以试着在地板上闭着眼睛打滚。

❸ 听到“可以了”或拍手声后，保持此时的姿势睁开眼睛。

小知识

- 通过活动身体，可以在想象的世界中完成日常生活中做不到的事情，体验生动的姿态，沉浸在自在的状态中，进而消除压力。
- 练习的最后，调整呼吸，放松情绪，让思绪回到现实中来。

38 用色彩改善情绪

走近儿童

我们身边充斥着许多色彩，不同的色彩会带给我们不同的情绪。有些颜色，我们非常喜欢，有些颜色让我们感到平静，还有些颜色让我们感到兴奋。

1. 想象一下，红色、橘色、绿色、蓝色，从这些颜色中你能获得什么样的情绪呢？

感到温暖	感到清爽	感到焦躁
感到平和	感到痛快	感到安心

2. 你喜欢什么颜色？说说为什么？

喜欢的颜色

理由

因为

练习1 寻找身边的颜色

观察校园里各种物品的颜色。

	颜色	情绪
学校大楼的墙壁		
单杠		
天花板		
校医务室的床		

练习2 涂色

给下面这幅图涂上颜色吧。

小知识

颜色包含印象。各种品牌标志的颜色、家电的颜色，连餐饮店的装修也有常用色和忌讳色。在各种各样的场所中、物品上都可以观察到与颜色有关的趣事。这些都是学习颜色与情绪之间关系的素材。

39 沁人心脾的香味

走近儿童

学校里充满各种花的香气，也许是鼻子已经习惯了，所以我们无法意识到自己每天被各种香气环绕。可你是否有这样的体验，当长假过后，踏入久违的学校时，不禁感叹：“哇，真是太香了！”

1. 想一想，身边有哪些让你觉得有香味的东西。
没有头绪的话，就试着在身边找一找。

①

②

2. 闻到这种香气，你会联想到什么呢？可以选择下面的词语，也可以按自己的想法填写。

① 闻到香气①时：

② 闻到香气②时：

很香、不可思议的香、芳香、能让人安心的香、会让人激动的香。

练习1 寻找香气

从学校、教室的物品中寻找喜欢的香气。

物品①

物品②

物品③

好心情指的是平静、专注（心无旁骛）、幸福的情绪状态。

练习2 找找家里的香气

找一找，家里有没有特别香的东西？

什么样的香气

- 厨房的饭菜散发出（ ）
- 妈妈的化妆品散发出（ ）
- 院子里的花草散发出（ ）
- 洗过的衬衣散发出（ ）

小知识

- 我们每天闻到的香气（花香、肥皂香、果香等）中，一定有能让自己平静下来的气味。通过练习，找到能让自己情绪安定、好转的香气吧。
- 嗅觉是能够直接调动情绪的器官。告诉孩子在郁闷的时候，去闻一闻自己喜欢的香味可以调整情绪。

40 自己的解压小妙招

走近儿童

在焦躁不安的时候，我们能依靠自己的力量排解压力，这种自我解压技巧叫作“压力释放法”。在没有压力的时候，我们可以尝试各种各样的方式，找到若干种适合自己的解压方法。

设想自己正处于令人焦躁不安的环境中。此时该如何缓解负面情绪呢？

- 跑步　（能减缓一点儿　不能减缓）
- 玩喜欢的游戏　（能减缓一点儿　不能减缓）
- 看难忘的旅行照片　（能减缓一点儿　不能减缓）
- 想些冷笑话　（能减缓一点儿　不能减缓）
- 和妈妈聊聊天　（能减缓一点儿　不能减缓）
- 试着写出其他能让你缓解焦虑的事情吧

（　　　　　　　　　　　　　　　　　　　）

练习　寻找最适合自己的解压小技巧

❶ 一起聊一聊，大家都是怎样缓解自己的紧张、不安的呢？从中选出 5 个解压小技巧，每隔一分钟做一个。

解压小技巧 · 5 个小训练

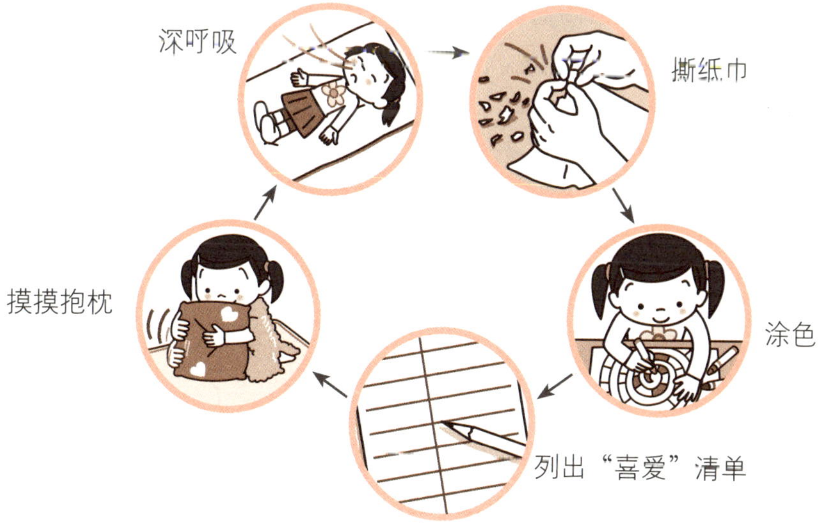

❷ 第一次尝试时，这 5 个小训练的效果如何呢？（你的情绪得到多大程度的缓和呢？）试着在下表中标一标吧。

顺序	解压小技巧	解压等级（用圈标注出来）
	深呼吸	0 1 2 3 4 5 6 7 8 9 10
	撕纸巾	0 1 2 3 4 5 6 7 8 9 10
	涂色	0 1 2 3 4 5 6 7 8 9 10
	列出“喜爱”清单	0 1 2 3 4 5 6 7 8 9 10
	摸摸抱枕	0 1 2 3 4 5 6 7 8 9 10

填写卡片，向朋友介绍你觉得有效的解压小技巧。

[　　　　　　　　　　　　　　　　]这个解压小技巧对我很有用。

小知识

焦躁不安的时候，我们无法知道用新的方法缓和情绪是否有效。因此，在心情较好时，想象、寻找缓解不安情绪的方法十分重要。当孩子找到适合自己的有效方法之后，家长可以鼓励孩子把这种方法分享出来，以后遇到类似的场景就可以鼓励孩子：“我们一起来试一试之前的那个方法吧。”

专栏 ❸

朋友与情绪

对于无法顺利融入集体的孩子，我们通常会用到“情绪控制”这一关键词。也就是说，一个人放任情绪，就难以在集体中与朋友和睦相处。

发展心理学里有一种观点认为，当孩子到了上小学的年龄，就具备一定的自我情绪控制能力。

但是，也有不少孩子在这方面存在一些问题，其中的原因是：在与大人的相处中自然而然学会的东西减少，比如，如何完全接受自己的情绪，如何在与他人共情的同时冷静处理兴奋的情绪、调整失落的情绪，直至情绪恢复正常。因此，我们必须站在情绪无法顺利发展的角度关注孩子的状态。

我们就以小学中年级的小 A 同学为例。她因为高兴的事情而情绪高涨时，就会抑制不住内心的兴奋而抱起朋友转圈；有时情绪低落就会趴在桌子上，气鼓鼓的，任谁跟她说话都不理。

小 A 真实地表达了自己的情绪，但她身边的朋友却对总要安慰她、鼓励她感到苦恼。在老师的帮助下，她与朋友之间的友谊虽然维持住了，但是小 A 身边的朋友对此感觉很疲惫。而且，小 A 自己也受到了情绪剧烈波动的影响。

为了自己，也为了身边人，要注意控制自己的情绪。因此，要学习掌握与情绪相关的知识，以及控制情绪的技能。

4

与朋友的相处之道

41 关注与身边人的关系

走近儿童

我们身边有各种各样的人，有年龄比自己大的成人，也有比自己小的小孩；有和自己同肤色的人，也有和自己不同肤色的人；有同班的人，也有不同班的人；有老家是同一个地方的人，也有不同地方的人……其中，有和自己聊得来的人，和他们聊天你会感到轻松愉快。和大家聊一聊你和朋友之间的趣事或关于你身边人的事吧。

1. 今天你见到谁了？

流浪猫　朋友　附近便利店的店员

老师　爷爷　奶奶

遛狗的人　朋友的爸爸妈妈

2. 今天和谁做了什么？

和 ______ 做了 ______

练习 你的身边都有谁？

❶ 你的身边都有谁？试着把他们的名字写出来吧。

❷ 你的身边都有谁呢？

将他们的名字填入下图。可以写一写附近的人或店员等。

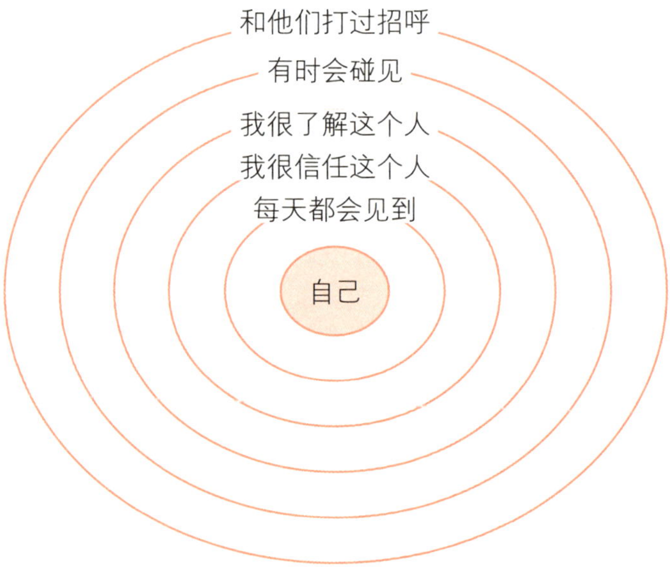

小知识

- 较小年纪正是与朋友忽远忽近的时期。你可能会发现虽然每次一起玩耍的人不同，但拥有朋友是非常重要的。
- 孩子能够和让自己感到“很开心”、有信赖感的朋友安心相处。在这样一种安心的关系中，孩子能够尽情地玩耍，从而获得充实感。

42 何为朋友

走近儿童

回忆过去，想一想什么样的人能叫作朋友呢？他 / 她的名字是什么？他 / 她穿着什么衣服？发型是怎样的？和他 / 她一起玩，你的心情怎么样？

1. 喜欢和朋友玩什么游戏？

2. 朋友对你说什么，你会感到高兴？

3. 今后你想和朋友做什么事情呢？

练习1 朋友是什么样的人？

❶ 想到朋友，你的脑海里会出现哪些关键词呢？试着写出来吧。

② 尝试和大人聊一聊朋友是怎样的人？

例如：同班同学、有共同爱好的人、邻居

练习2 父母对朋友的认知小调查

① 问问爸爸："朋友是什么样的人？"

② 问问妈妈："朋友是什么样的人？"

小知识

- 如果家长用肯定的语气鼓励孩子，并倾听孩子，那么孩子在处理与朋友的关系时就会更有自信。抽时间和孩子一起聊一聊关于朋友的话题，多多沟通。这样，关于朋友的词汇，孩子就会懂得越来越多，关于情绪的表达会越来越丰富。
- 如果孩子有玩得来的朋友，那么孩子就会有想和朋友一起玩的强烈想法。这样的想法能给他带来安全感，也能让他与朋友之间形成更深厚的友谊关系。孩子会产生"明天我也要去幼儿园"或"明天我还要去学校"之类的期待。

43 猜猜别人的想法

走近儿童

关系再好的朋友，也会有意见不合的时候。通过对方的语言和态度，猜测他的真实想法，这样我们能更好地理解对方的心情。

参考上页图，回答问题。

1. 提议“我们去外面玩吧”的孩子，是什么心情呢？

2. 当其他小朋友说“不！我才不去”的时候，发出邀请的小朋友心情会变得如何？

3. 如果你邀请其他小朋友去玩，他们说“不去”“我想在家里玩”，你会对他们说什么？

让孩子把重点放在“是谁”“面对谁”“要做什么”以及“对方的感受”上，并提醒孩子每个人的立场不同，感受是不一样的。

练习1 角色扮演

下面是关于 A、B、C、D 四个角色的相关信息。

1. A——“这次班里的节目表演戏剧吧！”
   B——“好讨厌啊，不想做。”
   C——“比唱歌好点儿……”
   D——“……”（一言不发）

❷ 说一说，自己扮演每一个角色的时候感受到了什么样的情绪？当你觉得情绪传递有困难时，试着使用表情符号吧。

不说话并不代表没有情绪。家长可以先给孩子看一些示例，然后通过角色扮演去加深他对这一说法的理解。

练习2 换身份写信

想象自己是某种物品或生物，试着从它们的视角写一封信。

例如： 橡皮的信
铅笔的信
宠物狗的信
牵牛花的信

小知识

- 如果以自我为中心，自己想做什么就做什么的话，有可能会让对方不愉快。我们要让孩子明白，立场不同的人所感知到的情绪和情感是不一样的。
- 通过这次练习，我们可以让孩子感受到“原来对方还会这样思考呀”。
- 我们应该教会孩子，每个人都有自己的情绪和情感，而且有可能和他人不一样。我们不能轻易否定他人的情绪、情感。

44 成为朋友

走近儿童

有很多孩子容易感到不安、紧张，情绪低落，而没有办法融入朋友中，和他们一起玩。在本节内容中，我们会教给孩子一些语言小技巧，让他们学会如何询问并加入小朋友的群体中。

1. 上页图中右边的女孩，她的心情如何？

□ 不知道朋友是否会带自己玩，心里感觉很紧张。

□ 不知道问谁好。

□ 问了，但没有得到回复，很难过。

□ 不能和他们一起玩，感到烦躁。

2. 如果你没主动跟朋友说“我也想一起玩”的话，你的朋友会怎么想呢？

例如：原来她不想玩捉迷藏啊 / 要是说出来我们就让她一起玩了。

3. 发现有朋友想加入进来一起玩的时候，你会怎么做？

练习1 想一想！

想和朋友一起玩时，你会怎么做？

试着圈一圈吧。

❶ 去问谁？

关系好的那个朋友（　　）

离自己最近的那个人（　　）

主管全场的那个人（　　）

❷ 怎么说？

- 鼓起勇气，说：“下一轮加上我好不好？”
- 大声且清楚地说：“我也想玩！”
- 直接说：“一起玩吧！”

练习2 试一试！

组队进行角色扮演，试着演一演、做一做吧。

大人先做示范，和孩子一起做。注意自己的表情、音量等。

如果孩子不想做，则不强求。

小知识

- 有时，孩子的行为会受情感的牵制，出现迟疑不决的情况。当然，这种情况因人而异。
- 当孩子成功地融入朋友中，我们可以多多表扬他，比如，夸奖他“做得真棒”，或者问他“能和朋友一起玩很开心对不对”，等等。及时给予他积极的反馈，这样他们才能慢慢地建立自信。

45 吵架也能和好

走近儿童

即使是很小的事情，也有可能引发争吵。吵架时，双方都会陷入急躁、愤怒的不良情绪中，各自发表着意见。不过，这个时候恰恰是体会对方情绪和情感的一个好机会，通过这个机会。我们可以使这段关系重归于好。

1. 为什么会吵架呢?

2. 如果你是正在哭泣的 A 或者正在玩耍的 B，你的心情分别是什么样的呢?

A

① 生气　② 不甘心　③ 难过　④ 焦躁

B

① 生气　② 不甘心　③ 难过　④ 焦躁

⑤ 虽然很生气，但没有办法，只好放弃

练习 想一想!

有两个小朋友在交流。试着想象一下，这两个人说些什么能和好呢?

例如：

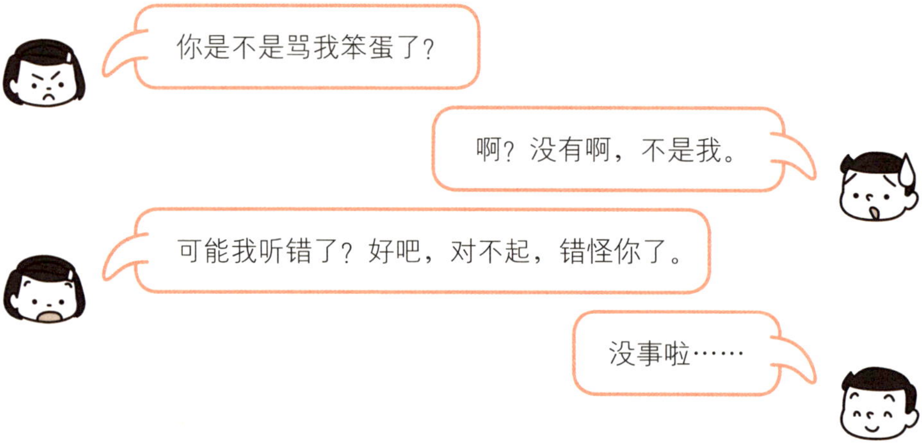

小知识

- 有一方大大方方地道歉，说“对不起”，然后另一方说“没关系”，这才是和好的标志。
- 当孩子学会向别人道歉，或者能够坦然原谅别人，对别人说“没关系”的时候，一定要多多表扬他。
- “吵架不好，但是你们能和好是很棒的。”当发生争执时，赞扬孩子做得好的部分。
- 通过对孩子与他人和好过程的赞扬，让他意识到，以后吵架了也可以用同样的方法去修复关系。
- 通过练习，孩子可以逐渐意识到，吵架后及时和好是非常重要的。

46 礼貌请求的技巧

走近儿童

当自己想要的东西在别人手里的时候，不要强行夺过来，而是通过询问对方“能不能借给我”来向他人发出请求。这就是人与人之间相处的礼仪。

但是即使有时我们发出了请求，对方也未必会答应。因此，我们需要提前想一想，怎么说才能让对方把东西借给自己？

1. 朋友正在使用你想借的东西，你要怎么办呢？

2. 别人想借走你很喜欢的东西时，你会怎么做？

练习 各种各样的请求方法

说一说自己为什么想借东西。你自己想用的东西，说不定对方也想使用，而且也许对于对方来说，是特别重要的东西。因此，我们不能只考虑自己，同时也要考虑到对方的心情。让我们一起想一想有什么借东西的好办法呢？

❶ 说一说，你为什么想借这个东西？

例如：想玩那个玩具。

❷ 观察对方的表情。

例如：借走之后，对方会不会很难过？这个东西对他来说是不是非常宝贵？

❸ 试着提出建议。

例如：

- 你读两遍后借我看看吧！
- 玩“石头剪刀布”游戏，赢的人先玩这个玩具。
- 时针指向 ×× 就轮到我玩了。
- 我拿我的玩具和你换。

❹ 及时道谢。

对方同意借给你之后，记得说“谢谢”“我好开心呀”，及时表达自己的感激。

小知识

- 如果用恐吓、强硬的语言，就无法打动对方的心。要多为对方考虑，把自己想做的事、做这件事的价值准确地传达给对方。如果对方帮助了你，你应该好好地向对方表达自己的喜悦与感激之情。
- 懂得如何将自己的情绪简单明了地传达给对方很重要。
- 如果对方怎么都不肯借给你的话，可以试着去玩别的东西。这也是一种方法。

47 礼貌拒绝的技巧

走近儿童

拒绝对方时要记住，不要直接跟对方说“因为讨厌，所以我拒绝你”。一开始的时候，我们可以先说一些感谢的话语。比如，我们可以跟对方说“谢谢你邀请我”等。通过这类话语向对方表达被邀请的感谢之情。

接着你可以说：“不好意思，现在我想玩积木，我们下次再一起玩捉迷藏吧。”这样既表达了你的真实想法，又向对方发出了下次一起玩的邀请。

当情况变得非常糟糕，让你觉得厌恶时，你也可以直接说“对不起，我不喜欢玩捉迷藏”，并告诉对方：“我不是不喜欢和你一起玩耍，我只是不喜欢这个游戏。”

1. 如果对方拒绝你的时候，对你说“不要啦！讨厌”，你会是什么感受？

----

2. 怎么向对方说明拒绝的理由？

练习 邀约、拒绝的角色扮演

两人一组。一个人发出邀请，想和对方玩捉迷藏。另一个人想玩积木，所以需要表示拒绝。

❶ 发出邀请：“一起玩捉迷藏吧！”

❷ 被邀请的人表示感谢：“谢谢你邀请我！”

❸ 被邀请的人向对方说明：“抱歉，我脚疼，玩不了……”拒绝对方的邀请。

④ 被邀请的人提出建议：“只好下次再玩捉迷藏了。你要玩积木吗？”

⑤ 邀请者说：“我只想玩捉迷藏。那我们下次再一起玩吧。”说完去寻找其他朋友，或者是加入玩积木的游戏中，问同伴：“我可以和你们一起玩积木吗？”

小知识

- 被拒绝的一方多少会有点儿不愉快，但是我们要让孩子知道，每个人要做的事情不一定相同。
- 在拒绝对方的时候表示感谢、表达抱歉，并说清楚理由是很必要的。如果可以的话，提出下一次的邀请也是很好的处理方法。
- 随着年龄的增长，感到困惑的事情或者收到的邀约会越来越多。那时候你可以很清楚地表达你的拒绝，说“我不做”或“我不想做”。
- 也许会存在这样的情况——你和有些人怎么都合不来，而且当你拒绝他时，他会非常不开心。对于这些人，你可以与他保持一定的距离，甚至远离他，这也是一种方法。

48 有效的道歉方式

走近儿童

有时你向朋友道歉之后，朋友还是很生气，并且表示无法原谅。事情为什么会变成这样呢？当你向对方传达自己的情绪和想法时，有可能让对方理解成了另一个意思。为什么会变成这样呢？好好回想一下自己当时的语言、与他的距离和表情。

别人怎样向你道歉，你才会原谅他呢？
参考下面的例子，写一写吧。

例：
- 大声道歉
- 笑着道歉
- 反复道歉
- 根本不看自己，眼睛边乱看边道歉
- 道歉后立马走开，去了别的地方

练习1 道歉要点

跑着玩的时候不小心弄坏了朋友做的手工，向朋友道歉说“对不起”，但朋友没有原谅自己。怎样道歉才好呢？

❶ 试一试，分别扮演道歉和被道歉的人。

❷ 分别有什么感觉？大家一起聊一聊做这个游戏的感受吧。

练习2 道歉的 3 个小技巧

❶ 道歉时的表情应该是什么样的？

傻笑着道歉 / 带着生气的表情道歉。
自己对着镜子练习一下吧。
对方是什么表情？
试着直视对方道歉。
（觉得害羞的话可以看对方的鼻子）

❷ 音量如何？

有没有发出怒吼？
是否声音太小，以至于对方听不到？
调整声音的大小很重要。

❸ 距离。

是不是离对方太近了？
有人不喜欢离得太近。保持手臂伸直的距离或许比较合适。

小知识

- 传达情绪的方式除了语言，还包括表情和动作。站在对方的角度想象一下，道歉时做什么样的表情和动作比较好呢？
- 跟对方说“对不起”，对方说“没关系”，这仅仅是解决问题的一个方法。光嘴上道歉是不够的，要好好反省自己的错误，避免下次再犯。道歉不仅仅是一句话，还应该好好思考怎样解决这个问题。

49 解决问题的步骤

走近儿童

在学校与朋友相处的过程中会有很多苦恼，也有很多困惑。我们应该怎么办呢？让我们好好地整理一下遇到的所有情况，一起找出解决这些问题的方法吧！

1. 一不留神，朋友拿走了你刚刚玩的球。你会说什么？

（ ）

2. 朋友拿走了球，你心情如何？在下面圈一圈吧。没有符合的选项时，可以在括号里写一写。

感到为难	变得难过	感觉焦躁
放弃、什么也不做	其他（ ）	

练习 解决困惑小板块

- 朋友随随便便就拿走你的球，你会怎么做？试着在下面括号里写出解决方法吧。

（ ）

- 其他人遇到这种情况会怎么做？问问同班同学，找出和自己不一样的 3 个解决方法。

（朋友的解决方法 ① ）

（朋友的解决方法 ② ）

（朋友的解决方法 ③ ）

- 从以上方法中选出一个你觉得最有效的方法。

（　　　　　　　　　　　　　　　　　　　　　　　）

- 试想一下，用你选的方法可能会导致什么结果？

如：没有和朋友吵架，顺利地把球拿了回来。

（　　　　　　　　　　　　　　　　　　　　　　　）

有时想尽一切办法也没能把自己的球拿回来，或者把球拿回来了，却和朋友闹别扭了。此时，我们可以向老师或者家人寻求解决方法，或者多询问他人的意见，寻找新的解决方法。想一想，用这些解决方法效果如何？

小知识

- 要让孩子意识到发怒是不可取的。要在尊重对方意见和主张的前提下传达自己的情绪、感情。这很重要。
- 通过和朋友做这样的练习，容易发现自己从没想到过的解决方法。
- 对于感到困惑的事情，除了要思考解决方法，还要猜想这些解决方法的效果、结果，慢慢地将其运用到实践中，提升交际能力。

50 愉快相处法则

走近儿童

在生活中，有很多孩子因为无法决定玩什么游戏而感到十分苦恼。

和大家一起玩的时候，要注意配合所有的游戏成员更改一下规则。为了大家都能玩得开心，要下很多功夫。举个例子，一群人已经玩得很熟悉了，如果有新人加入进来，那么就需要把规则变得更简单，用“简单的规则”让大家都能玩得开心。

1. 你有过没法决定玩什么游戏的情况吗？原因是什么呢？

(　　　　　　　　　　　　　　　　　　　　　　　　　　　　)

例如：游戏规则太难，大家想玩的都不一样。

2. 如果你碰到了这些情况，你会怎么办？

练习 开个游戏规则会议吧！

大家聚在一起，聊一聊并制订出游戏规则。

❶ 想一下，如何向第一次玩“警察和小偷”游戏的人说明游戏规则？

（比如：全体人员分成警察和小偷两组，警察追小偷，小偷被抓到就要进入“监狱”。）

② 想想有没有什么方法可以让大家都玩得开心？

比如：大家穿上颜色不同的小背心，或者贴上号码牌，戴不同的帽子。

③ 还有其他提升游戏体验感的办法吗？怎样玩得更开心？

比如：在“监狱”前玩，警察盯得很仔细，小偷很容易被抓到，游戏就没那么好玩了。可以重新确定一下警察盯梢的范围。

规则定好之后，简单标在白板或大纸上，公示出来吧。

小知识

- 通过思考怎样去教第一次玩这个游戏的人，可以再次思考这个游戏的规则以及游戏的趣味性；而通过思考什么样的场面可能会引发事故和混乱，能了解自己和朋友感觉到困难的地方。
- 即使在游戏的过程中弄错了规则，也可以先做完后再商量正确的游戏规则。
- 不拘泥于形式，和在场的所有孩子一起商量、决定游戏规则，这样大家玩起来才会觉得更方便、更好玩。不能过于坚持自己的想法，而是和大家一起商量，制订出大家都能玩得开心的游戏规则。

专栏 4

游戏与情绪

游戏不是去完成别人交代的任务，而是可以随心所欲地做自己想做的事情。它不像工作、学习那样“必须要做”，而是出于内心“想要”的欲望而做出的行为。

大脑是在自主决定、积极行动中不断发育的。因为自主的活动能够激活大脑，所以大脑在自主行动时产生的愉悦感远远高于被动行动。游戏这种自发的行为，除了让人感到愉快，还会给大脑带来良性刺激。

游戏可以给人带来多种心情。比如，捉迷藏、躲猫猫等抓捕类游戏，会让人紧张不安的同时又感受到乐趣。云霄飞车可以带来刺激感，鬼屋令人惊悚，喜欢玩的话也能从中感受到趣味。在沙坑里挖隧道的孩子、沉迷于团泥球而弄得满身都是泥巴的孩子，他们认真地投入其中，体会完成时的喜悦。

游戏有赢有输，输了就会让人不甘心。我也见过有人哭着发怒说“再也不玩了”。但是，和对方分享获得成功的喜悦、胜利时的兴奋，以及对下次胜利的渴望，能从中感受到更多的乐趣。

在玩游戏的时候，保持心情舒畅很重要。而且，孩子们通过游戏可以学会遵守约定，通过互相帮助可以学会如何与朋友相处。人们在体会游戏乐趣的同时，还能激活大脑，掌握生存本领，感受幸福。

●目标对象年龄及人数参考

	年龄	人数（个人 / 班级 / 学校）
1. 察觉自身的情绪		
（1）思维方式和情绪的关系	小学低年级	班级
（2）表达情绪的话语	幼儿 / 小学低年级	个人 / 班级
（3）情绪有很多种	小学低年级	班级
（4）读懂肢体语言	幼儿 / 小学低年级	个人 / 班级
（5）观察自己的表情	小学低年级	个人 / 班级
（6）用表情表达情绪	幼儿 / 小学低年级	全体
（7）用动作表达情绪	幼儿 / 小学低年级	全体
（8）声音与情绪息息相关	小学低年级	个人 / 班级
（9）找出自己的坏习惯	小学低年级	个人 / 班级
（10）试着表达情绪	幼儿 / 小学低年级	全体
（11）情绪会随着时间变化	小学低年级	个人 / 班级
2. 察觉他人的情绪		
（12）通过语言了解对方的情绪	幼儿 / 小学低年级	个人 / 班级
（13）通过动作判断对方的情绪	幼儿	班级
（14）通过声音感知对方的情绪	幼儿	个人
（15）何为不良情绪	幼儿 / 小学低年级	班级
（16）人们的情绪各异	小学低年级	个人 / 班级
（17）情绪有强弱之分	小学低年级	个人
（18）寻找朋友的优点	小学低年级	班级
（19）当身边人需要帮助时	小学低年级	个人 / 班级
（20）走近朋友的情绪	小学低年级	个人 / 班级
（21）深化友情的话语	小学低年级	全体

续表

	年龄	人数（个人 / 班级 / 学校）
3. 调节自身的情绪		
（22）为何需要调节情绪	小学低年级	个人 / 班级
（23）驱散生活中的焦躁不安	小学低年级	个人 / 班级
（24）消除焦躁不安的技巧	小学低年级	班级
（25）如何控制情绪波动	小学低年级	个人 / 班级
（26）应对极度惊恐的“魔法”	小学低年级	个人 / 班级
（27）歉意在心口难开	小学低年级	个人 / 班级
（28）学会忍耐	小学低年级	个人 / 班级
（29）重塑看问题的方式	小学低年级	个人 / 班级
（30）培养情绪恢复力	小学低年级	个人
（31）明确情绪与行为的关系	小学低年级	个人
（32）寻找恢复精气神的办法	幼儿 / 小学低年级	班级
（33）品尝美食	小学低年级	个人 / 班级
（34）注意周围的声音	小学低年级	个人
（35）做个深呼吸	幼儿 / 小学低年级	个人
（36）通过触觉稳定情绪	小学低年级	个人 / 班级
（37）动一动，放松一下	幼儿 / 小学低年级	个人 / 班级
（38）用色彩改善情绪	小学低年级	个人 / 班级
（39）沁人心脾的香味	小学低年级	个人 / 班级
（40）自己的解压小妙招	小学低年级	个人 / 班级
4. 与朋友的相处之道		
（41）关注与身边人的关系	幼儿 / 小学低年级	班级
（42）何为朋友	幼儿 / 小学低年级	个人
（43）猜猜别人的想法	幼儿 / 小学低年级	个人 / 班级
（44）成为朋友	小学低年级	个人 / 班级
（45）吵架也能和好	幼儿 / 小学低年级	个人 / 班级
（46）礼貌请求的技巧	幼儿 / 小学低年级	班级
（47）礼貌拒绝的技巧	幼儿 / 小学低年级	个人
（48）有效的道歉方式	幼儿	班级
（49）解决问题的步骤	小学低年级	个人 / 班级
（50）愉快相处法则	小学低年级	班级

后 记

我有时看到孩子，会感叹他们是如此充满活力。他们对于自己想做的、喜欢的事情会全力以赴，玩得不亦乐乎。另一方面，对于周围状况，他们又无法冷静地思考，难以理解自己的行为与结果之间的关系。因此，当自己的想法与朋友发生碰撞时，就会引发冲突。家长期望孩子能够自己解决这些冲突，但由于他们还无法充分表达自己的情绪、诉求，所以这种期望很难实现。

许多家长、老师都希望孩子能够读懂朋友的情绪、与朋友和睦相处：感受到朋友的悲伤，给予他安慰和鼓励；发现朋友因自己的行为而不快时，能够及时停止……能够培养出这样的孩子是非常高兴的一件事。但是，若“好孩子”过于隐藏自己的情绪而局促不安，或者太重视朋友的反应而无法享受与身边人的相处，又该怎么办？

当我与孩子们见面时，首先我会尽力让孩子们感到“这里的一切是安全、有趣的”。这样的话，孩子们就会直接表达各自的想法，从而容易发生冲突。此时，需要家长介入其中厘清状况，帮助孩子确认本人及朋友的情绪，以及出现的意见偏差。当孩子懂得情绪因人而异时，就能接受朋友的想法。

我与本书的渊源始于渡边弥生老师对我说过的一句话：想出版一本有助于培养孩子情绪的书。那时正值樱花季，距离母亲的突然离去仅隔一年时间。为了工作而学习的“情绪调节法”以及“正念”帮助我从失去母亲的伤痛中走了出来，由此非常感谢渡边弥生老师。我虽不曾想到面向孩子的书会对自己有帮助，但我也切实体会到培养孩子的情绪管理能力实际上也是在培养自己的情绪管理能力。我们处理好自己的情绪，精神饱满了，才会让孩子充满活力。我们希望培养孩子良好的情绪，便与 20 位同事一起整理了日常生活中可践行的方法并编辑成书，经过渡边老师的修订后更便于广为使用。并且，感谢合同出版编辑部的齐藤晓子对于本书的大力支持。

由衷希望本书对孩子以及家长有所帮助。

日本藤泽市立大庭小学
木村爱子